国家方針を転換する決定的十年

田中信一郎［著］
Shinichiro TANAKA

新自由主義から社会的共通資本へ

現代書館

国家方針を転換する決定的十年

新自由主義から社会的共通資本へ

目次

はじめに──007

第1章
新自由主義からの脱却で結集した野党ブロック──011

「保革」「左右」を超えた野党再編の対立軸は何か
近現代の日本を貫く「大日本主義」と「小日本主義」の思想潮流──012

新しい立憲民主党の「綱領」を読み解く
野党第一党が新自由主義からの脱却で結集した──030

自由民主党と立憲民主党の党首選挙で問われるべきこと
綱領との関係を見ることが政党政治と民主主義の王道──043

菅首相と枝野代表の国家方針を比較する
国家方針の選択は有権者に委ねられた 053

日本共産党の政権参画に向けた課題を分析する
時代状況に合わせる現実適応力と乗り越えるべき組織文化 064

第2章
個人重視・支え合いの国家方針で必要となる5つの政策 083

「現在の延長線上の未来」か「もう一つの未来」か
総選挙の最大争点は国家方針の選択 084

国家方針の転換は、民主主義の再生から始める
個人重視・支え合いの国家方針【政策①】 096
支え合いの経済政策が日本経済の活路を拓く
個人重視・支え合いの国家方針【政策②】 108
分散ネットワーク型社会への投資が日本経済の新しいエンジンとなる
個人重視・支え合いの国家方針【政策③】 120
国家方針の転換が「生きづらさ」を緩和する
個人重視・支え合いの国家方針【政策④】 132
国際政治のパラダイム転換に対応する外交・安全保障政策
個人重視・支え合いの国家方針【政策⑤】 144

第3章
民主主義と地球環境にとっての決定的十年 157
権威主義による経済成長か、民主主義による生活安定か
まとめに代えて 158
あとがき 185

はじめに

2020年の夏、野田佳彦元首相が都知事候補の宇都宮健児氏を応援演説している場面に、銀座で出くわした。長野県が運営する「銀座NAGANO」で買い物した帰りである。野田元首相の演説で印象的だったのは、熟慮した上で宇都宮氏を応援することにしたとの趣旨である。

その演説に触発されたのか、頭の中で様々なピースがつながり始め、次第に一つの姿が見えるようになってきた。どうしても文章にしたくなり、2日ほどで書き上げた。それまでも、ネットメディア『ハーバービジネスオンライン』にて、政治行政に関する一般向けの解説記事を書いてきたが、まったく趣の違う玄人向けの文章となってしまった。そのため、旧知の朝日新聞社『論座』編集者に相談したところ、快く掲載していただいた。

それが、最初の論考の【「保革」「左右」を超えた野党再編の対立軸は何か】である。長文だったため、二回に分けての掲載となったが、元々は一つの文章だったので、本書では再び合体させた。野党共闘について、歴史的な視点から洞察した文章で、読者の反応を得られるか心配していたが、幸いにも多くの方々にお読みいただき、アクセスランキングでも上位となった。

続く【新しい立憲民主党の「綱領」を読み解く】【自由民主党と立憲民主党の党首選挙で問われるべきこと】【菅首相と枝野代表の国家方針を比較する】は、最初の論考で示した仮説が、現実で立証されていく感覚を持ちながら書いたものである。新自由主義と社会的共通資本という対立軸が、与党第一党の自民党と野党第一党の立憲民主党によって、次第に明確化されていった。とりわけ、菅義偉首相が自助を強調し、新自由主義を鮮明にしたことは、驚きでもあった。

本書の中では、異彩な論稿の【日本共産党の政権参画に向けた課題を分析する】は、中村敦夫参議院議員の政策秘書として、国会内で共産党の動きを見ていた20年以上前からの「もやもや感」を解消したいと考え、書いたものである。中村議員が多数の野党議員で構成する議員連盟（公共事業チェック議員の会）の会長だったことから、同党の議員からお話を聴くことがしばしばあった。それらの機会での議員たちの柔軟で現実的な思考と、しばしば示される党全体としての頑なで教条的な姿勢の間に違和感があった。党の公式文書からそこを探るうち、政権参画に向けた意外な課題が見えてきた。

【「現在の延長線上の未来」か「もう一つの未来」か】と【個人重視・支え合いの国家方針［政策①〜⑤］】は、国家方針と具体的な政策との関係を考察する論考である。専門の公共政策からすれば、人口減少や経済の低成長、気候変動という大枠での制約に加え、政策に関する知見や資源、マネジメントの問題から、政権交代で国家方針を変更しても、政策の自由度が低いことを論じたいと考えていた。制約については、前著『政権交代が必要なのは、総理が嫌いだからじゃない——私たちが、人口減少、経済成熟、気候変動に対応するために』（現代書館）で、データとファクトを積み重ねて明らかにしたので、合わせてご覧いただければ幸いである。

最後の【権威主義による経済成長か、民主主義による生活安定か】は、本書のそれまでの論考を国際社会及び世界史の観点から捉え直した書き下ろしである。大雑把な「資本主義」という概念で論じないように留意した。「資本主義」の問題とすることで、具体的な問題と構造、歴史に対して思考停止しがちだからだ。「資本主義」を終わらせるべきと論じても、現実の問題は何ら解決しない。歴史と構造を踏まえ、着実かつ丁寧に公共政策で解決していくしかないと考えている。

本書が、2020年代という「決定的十年」に際して、多くの人々が政治・経済・社会を考える一つの材料となり、活発な公論に資すれば、望外の喜びである。

第1章

新自由主義からの脱却で結集した野党ブロック

「保革」「左右」を超えた野党再編の対立軸は何か

近現代の日本を貫く「大日本主義」と「小日本主義」の思想潮流

2020年7月の東京都知事選挙は、小池百合子知事の圧勝の裏で、30年にわたる野党再編が終わりつつあることを示していた。多くの主要な野党議員が自らの判断で、元日本弁護士連合会会長の宇都宮健児候補を推したからだ。支援を党議決定した立憲民主党、日本共産党、社会民主党に加え、小沢一郎議員、中村喜四郎議員、岡田克也議員、野田佳彦議員、原口一博議員、平野博文議員ら、保守系・連合系と呼ばれるベテラン議員が、宇都宮候補を支援した。[1]

これは、一見すると左翼的と思われる候補と政策であっても、これら保守系議員にとって共闘できる範囲にあることを明確に示した。従来であれば、支援せず、静観したと考えられる。なぜならば、彼らの選挙区は都外にあり、勝利の見込みの薄い選挙であり、所属政党・組織の支援決定もなく、支援する必然性・メリットに乏しかったからである。

さらに、野党議員の間で漠然としつつも「理念の軸」が共有されつつあり、それが従来の「保守・革新」「右派・左派」の軸を超えつつあることも示している。「理念の軸」に宇都宮候補の政策が合致したからこそ、ベテラン議員たちは自らの判断で支援をしたと考えられる。

「理念の軸」による結集で野党再編が終わる

野党再編が終わりつつあるとの認識は、この「理念の軸」による結集が進みつつあることから導き出している。1989年の「連合の会」から始まった野党（自由民主党以外の政治勢力）再編は、1994年の新進党、1998年の新・民主党、2016年の民進党など、もっぱら政党や議員の諸事情に基づく離合集散であった。少なくとも「理念の軸」による離合集散には程遠かった。その行きついた先の再編劇が、2017年の希望の党騒動であった。

さらに、共産党と「理念の軸」を共有しつつあることも、野党再編の終わりの兆しである。「確かな野党」として、他の野党との国政での共闘をしてこなかった共産党は、今では共闘を当たり前にしている。共産党はかねてより、暫定的な連立政権に加わる用意があると表明する一方、政策の一致を重視し、実際にはパートナーを得ていない状況であった。それが変化したのは、間違いなく「理念の軸」を共有しつつあるからだ。

それにより、立憲民主党、国民民主党、共産党、社民党などの野党議員たちは、いわば「野党ブロック」という勢力を形成している。1999年から自由民主党と公明党が「与党ブロック」という勢力を形成しているのに対し、約20年遅れて、もう一つのブロックが形成された。ここでいうブロックとは、一定の国家方針と協力関係を共有する複数政党の勢力のことである。

それでは、野党ブロックの「理念の軸」とは、何か。残念ながら、当事者も含めて、まだ誰も明快にそれを示せていない。

そこで、本稿では「大日本主義」と「小日本主義」という歴史的な対立軸を用いて、野党ブロックの「理念の軸」を考察する。与党ブロックのリーダーである安倍晋三首相が、東条英機内閣で国家総動員を担う大日本主義の立役者（国務大臣兼軍需次官）であった、長州出身の祖父・岸信介元首相を尊敬していることから、一つの手がかりになると考えた。

大日本主義の祖・徳川斉昭と小日本主義の祖・松平忠固

明治維新とその後の藩閥政府を担った長州・薩摩藩士らの政治思想のルーツは、徳川斉昭の水戸学にある。水戸学とは、いわゆる尊王攘夷思想のことで「吉田松陰らを通して明治政府の指導者たちに受け継がれ、天皇制国家のもとでの教育政策や、その国家秩序を支える理念としての「国体」観念などのうえにも大きな影響を及ぼしてい」った思想である。[2]

維新の元勲・藩閥政治家らに強い思想的な影響を与えた吉田松陰は、水戸学に傾倒し、自らの思想を形成した。日本を特別視する精神主義的な観念論である。

その松陰は、対外的な侵略を唱えた主でもある。松陰が師の佐久間象山に送った手紙「幽囚録」には次の一節がある。

蝦夷《えぞ》を開墾して諸侯を封建し、間《すき》に乗じて加摸察加《カムサツカ》、隩都加《オロツコ》を奪ひ、琉球に諭し、朝覲会同《ちょうきんかいどう》すること内《うち》諸侯と比《ひと》しからしめ、朝鮮を責めて質を納《い》れ貢《みつぎ》を奉ること古の盛時の如くならしめ、北は満州の地を割き、南は台湾、呂宋《ルソン》の諸島を収め、漸に進取の勢を示すべし。

まさに、後年の大日本帝国の侵略構想のひな型である。作家の井出孫六は「松陰の思い描いた誇大妄想的ともいえるこの国の未来像が、維新以後、彼に畏服する後進たちによって輿論化され」「北海道開拓使の設置、台湾征討、琉球処分と、ことは頓々拍子に進展」して、朝鮮を植民地化して「日露戦争を始めてみれば、南樺太はかんたんに領有でき、満州に利権が生まれる。振り返ってみれば、日本は黒船の衝撃からわずか五十年にして、西欧列強に伍して植民地争奪の列に加わり、松陰が「幽囚録」に描いた誇大妄想ともいえる青写真の過半を現実のものとしていた」と評している。[3]

こうした対外的な覇権を求める国家方針は、大日本主義として批判された。東洋経済新報社主幹の三浦銕《てつ》太郎は、1913年4月の『東洋経済新報』で「大日本主義か小日本主義か」との社論を記し、満州掌握などの政府の大陸政策を厳しく批判した。

大日本主義と小日本主義の対立軸は、イギリスの「大英主義」と「小英主義」の対立軸に倣っていた。「イギリスでは大英主義（領土拡張、保護貿易政策）と小英主義（大英主義に反対、内治改善・個人の自由と活動力増進など）」があり、三浦は「日本の実情は大日本主義を主張する政党はあっても小日本主義の政党はな」いと嘆いていた。[4]

さて、大日本主義の祖が徳川斉昭ならば、小日本主義の祖は誰か。井出孫六は佐久間象山、歴史学者の田中彰は植木枝盛や中江兆民を挙げている。

筆者は、上田藩主で開国交渉時の老中だった松平忠固《ただかた》と考えている。これは、上田郷土史を研究する関良基が明らかにした知見を踏まえている。[5]

忠固は、老中として日米和親条約と日米修好通商条約の交渉に参画した。関によると、当初の両条約は関税自主権などを有する対等なものだったが、長州藩による下関海峡無差別砲撃事件の敗北で、関税自主権を失う不平等条約に改定されてしまった。忠固は、植民地化の野心をもつイギリス・フランス艦隊の来航前に、アメリカと対等な条約の締結に成功していた。

忠固の特徴は、現実的で巧みな政策と穏健な思想にあった。日米修好通商条約の交渉時、忠固は次席老中で勝手掛（財政担当）であった。関によると、彼は「適度な水準の関税を賦課して財源を確保し、アヘンなど有害な商品を禁制品にする以外は、可能なかぎり自由な交易をめざしていた」という。また、キリスト教の流入に対する懸念については「日本人の一部がキリスト教に改宗したところで何ら不都合は起こらないと確信」し、攘夷派の使う「邪教」などの差別的な言葉も使っていなかった。

徳川斉昭との鋭い対立と佐久間象山の重用も、忠固を小日本主義の祖たる存在たらしめる。忠固は斉昭の幕政参画に一貫して反対し、水戸学を背景とする彼の政策提案にも反対した。一方、ペリーとの交渉に際しては、松代藩に警備を命じ、松代藩士の象山が警備責任者になった。信頼する家臣を象山に弟子入りさせてもいる。

井出孫六が指摘したように、象山も小日本主義者だった。象山は、弟子の松陰に対し、論理力と国際的視野の不足を説いていた。松陰が海外への密航を試みて、二人がそれぞれ幽閉されたのも、その影響である。また、松陰の「幽囚録」に対して「忿恨の言、これ省みざるべからざるなり」と苦言の返信をした。[6]

大日本帝国の小日本主義者たち

明治維新の結果、松陰の弟子たちが権力を掌握し、大日本主義が国家方針となった。伊藤博文、山県有朋、桂太郎などの長州藩出身政治家は、内に権威主義、外に強硬政策を展開し、その方針は1945年8月のアジア・太平洋戦争の敗北まで続いた。

一方、国家方針に抵抗する小日本主義も生まれ、命脈を保ち、戦後日本につながった。それは、戦後日本の国家方針がアメリカによる「押しつけ」でなく、日本の人々の営為から生まれたことを意味している。

明治維新で潰えたように見えた小日本主義は、自由民権運動の理論家であった植木枝盛と中江兆民によって再興した。枝盛は、世界連邦的な国際協調主義を唱えて「軍備の縮小ないし廃止を指向する国のかたち」を目指していた。兆民は、国内で下からの民権政治を実施し、国外で国際協調による小国主義を展開することを唱えていた。枝盛の主張は後の国際連合、兆民の主張は後の日本国憲法に大きく通じるものだ。

足尾鉱毒問題に取り組んだ田中正造も、自由民権運動から生まれた小日本主義者であった。正造は民権派の栃木県会議員を経て、1890年の第一回衆議院選挙において改進党所属で当選した。その後、地元の足尾鉱毒問題で「亡国に至るを知らざればこれ即ち亡国」と政府を批判したものの、志半ばで議員を辞職した。その間、軍備増強や対外出兵なども批判し続け、1901年の辞職直前も義和団事件に出兵するための増税案に抵抗した。歴史家の由井正臣は、義和団事件への出兵が日本を「極東の憲兵」として帝国主義列強の一翼を担う立場にし、「鉱毒被害民をはじめ資本主義発展のもとに苦吟する民衆を踏台にこの時点で日本は帝国主義に向かって大きくカーブをきった」「正造は議員として最後まで民衆の視座から日本の進路を批判しつづけた」と評している。[7]

小日本主義者の一大拠点となったのが、1895年に設立された東洋経済新報社であった。同社は、二代目主幹で元改進党代議士の経済学者・天野為之によって「イギリス流の自由主義・合理主義・経験主義の伝統や反藩閥・反軍閥の気風が確立」されていた。三代目主幹の植松考昭《ひさあき》は「選挙権の拡張、政党内閣制度の確立、労働法の制定などを主張」し、同社の政治・社会評論を活発にした。前述の三浦銕太郎は第四代主幹で、大日本主義と小日本主義の対立軸を見抜き、前者を厳しく非難した。[8]

その東洋経済新報社から生まれた小日本主義者の代表格が、第五代主幹で後に首相となる石橋湛山《たんざん》である。湛山は、日蓮宗僧侶を父（総本山身延山久遠寺第81世法主の杉田日布）として生まれ、札幌農学校でウィリアム・クラークから直接の指導を受けた大島正健《まさたけ》と、シカゴ大学でジョン・デューイに師事した田中王堂の薫陶を受けた。そして「一切の行為の基準を自主に求める個人主義、この個人主義を社会発展を阻害しない限り是認しようとする自由主義、そして各個人の様々な欲望を社会発展の推進力と機能的にとらえて積極的に肯定しようとする実利主義」を確立した。

湛山の小日本主義は、民主主義（民衆主義）・個人の尊重・植民地全廃・軍備撤廃・国際協調からなる。具体的には、普通選挙、女性参政権、格差の縮小、言論の自由、中国人・朝鮮人差別の批判、朝鮮の独立、対華二十一ヵ条要求の批判などであった。もっとも象徴的な論説となった「一切を棄つるの覚悟」「大日本主義の幻想」では、根拠となるデータと論理を示し、日本の植民地と軍備をすべて一方的に放棄し、アメリカ・イギリス・中国などとの国際協調の下で自由貿易を発展させることによって、日本が発展すると主張した。この主張は、一顧だにされなかったものの、戦後日本において正しさが実証された。[9]

小日本主義の三潮流

幸徳秋水らの社会主義も、小日本主義であった。秋水は1904年の「小日本なる哉」という一文で「大国をうらやむことなかれ、大国の民はいずれも不幸なり、これに反して小国の民は皆幸福なり」と小国論を展開した。その後の無産政党や日本共産党は、対外侵略に反対するなど、小日本主義を基調とした。田中正造が天皇直訴文の起案を秋水に依頼したり、社会主義者の片山潜が一時期、東洋経済新報社で湛山の同僚であったりと、小日本主義者間のつながりもあった。

内村鑑三に代表されるキリスト者たちも、小日本主義者であった。鑑三は1911年の「デンマルク国の話」という短文で「国の興亡は戦争によらない、その国民の平素の修養による、外に広がるよりも内に開発すべき」「日本はデンマルク（デンマーク）を手本とせよ」と論じた。また「内村の小国主義は、世界のすみに小さくとじこもって、自らの幸福を楽しむ、といった孤立主義とは全く逆だった。国の広さの点では「小」でありながら、世界にしめる位置のゆえに、世界につくす働きでは、「大」きく「膨張」することを期待した」と評される点は、湛山の小日本主義とも通じる。

平塚らいてうらの女性運動も、小日本主義に連なっていた。1920年にらいてうの新婦人協会が帝国議会に提出した「衆議院議員選挙法改正に関する請願書」（日本初の婦人参政権要求）では「15項目にわたって列挙された「請願の理由」の第12項目」に「戦争を防止し、世界の平和を維持するために」と記されていた。また、湛山は「市川房枝や奥むめおら女権拡張運動家たちを支援したが、その一環として、新報社で婦人たちに経済学を教えるとの奉仕活動を長く」実施していた[10]。

これら大日本帝国での小日本主義を整理すると、自由民権運動をベースとして、自由主義・社会主義・倫理主義の三つの潮流が見られる。自由主義の石橋湛山・東洋経済新報社、社会主義の幸徳秋水・無産政党・共産党、倫理主義の田中正造・内村鑑三・平塚らいてうの三潮流である。ここでいう倫理主義とは、正造、鑑三、らいてうの人権や環境を尊重する考えを総称してのものである。

小日本主義を国家方針とする日本国憲法と55年体制

ポツダム宣言の受諾、日本国憲法の制定、国連加盟は、日本の国家方針を大日本主義から小日本主義に転換した。アジア・太平洋戦争は大日本主義としての総力戦であり、その敗北は大日本主義の終えんとなった。

なかでも、憲法は国民主権・基本的人権の尊重・平和主義の原則をもち、小日本主義の国家方針を明確に定めるものであった。湛山が示した小日本主義の民主主義・個人の尊重・植民地全廃・軍備撤廃・国際協調のすべてを憲法は備えていた。憲法9条について、湛山は憲法の「最大の特色」との認識を示し「痛快極まりなく感じた」と評している。[11]

もはや、日本の国家方針は小日本主義で決着した一方、資本主義と社会主義という異なる対立点が大きくなった。アメリカを中心とする資本主義陣営と、ソビエト連邦を中心とする社会主義陣営の対立が激しくなり、冷戦といわれる国際状況になった。冷戦は、朝鮮戦争やベトナム戦争のように、局地的な「熱戦」になることもあった。

日本の政党も冷戦の影響を受け、資本主義の自由民主党、穏健的な社会主義の日本社会党、急進的な社会主義の日本共産党とイデオロギー別に大きく分かれた。いわゆる55年体制である。

各政党に大日本主義的な政治家と小日本主義的な政治家が混在し、前者であっても表面上は小日本主義を受け入れていた。例えば、自民党の第二代総裁は小日本主義者の湛山であった一方、次の総裁は大日本主義者の岸信介であった。社会党にも、浅沼稲次郎など戦争に協力的だった政治家から、人民戦線事件で検挙され政界追放されていた黒田寿男のような政治家までいた。共産党は、弾圧されていたため重大な戦争協力者はいなかったが、徳田球一らの暴力革命路線から、党の分裂を経て宮本顕治らの平和改革路線（自主独立路線）に転じた。

やがて、憲法改正を目論んだ岸内閣の退陣後、経済を重視する池田勇人内閣で高度成長が実現し、冷戦の緊張が緩和され、小日本主義は各党に定着した。自民党の大半の政治家は、憲法改正に熱意を抱かなくなり、経済成長の果実を奪い合った。社会党は、憲法改正を目指す少数の政治家が民社党をつくって飛び出し、名実ともに護憲政党となった。共産党は、党内路線の対立を平和改革路線で決着させ、社会党に比べて急進的な護憲政党となった。

小日本主義の各党への定着は、政治と社会の安定をもたらし、さらに経済の発展を加速した。人々はゆたかになり、資本主義と社会主義の対立点すら退いていった。自民党の一党支配が確立し、資本主義体制が覆る可能性は実質的に消滅し、自民党内の派閥抗争が政権交代の代わりとなっていた。社会党も共産党も、体制の変革でなく、体制内での要求実現に力を注ぐようになっていった。

時代環境の変化への適応としての政界再編

1990年前後、経済環境と国際環境が大きく変化した。経済環境では、1973年のオイルショックによって高度成長が終わり、1990年代前半のバブル経済の崩壊で本格的な低成長時代に突入した。国際環境では、ソ連を中心とする社会主義陣営の自壊によって冷戦が終了した一方、中国などの新興工業国が目覚ましく経済成長してきた。

これら前提状況の変化に伴い、55年体制も崩壊を始めた。自民党では利権や路線をめぐって激しい党内対立が起こり、有力な政治家たちが離党して新党を結成した。社会党は、細川政権で与党になったことに伴い、封印してきた矛盾が噴出して分裂した。共産党は「光栄ある孤立」を重視した。

そして、アメリカの世界戦略への積極的な協力と、経済政策での新自由主義の主流化が、小日本主義の国家方針を揺るがし始めた。前者は、1991年の湾岸戦争、2003年のイラク戦争などを通じて、軍事的な対米協力を本格的に行うようになり、憲法についてそれを阻む制約と捉える政治家が増加した。後者は、漸進的ではあっても、充実する一方だった「個人の尊重」や「生存権」について、逆転の原動力となった。

戦後の小日本主義は、憲法に規定されていたとはいえ、冷戦という国際環境の奇妙な安定と高度成長という経済環境の上に成り立っていたのである。土台が崩れたことで、小日本主義という国家方針が揺らぎ始めたのも必然であった。

政界再編は平成の30年間、ずっと続いてきた。各々の政治家がどのような意図で離合集散しようと、歴史的に見れば、政党政治を新しい時代環境に適応させるための試みだったといえる。

長らく追求されてきたのは、対米積極協力路線と新自由主義経済政策の国家方針を共有する、自民党と非自民党の二大勢力であった。いわゆる保守二大政党論である。その試みは、新進党、新・民主党、民進党、希望の党と繰り返されてきた。

しかし、2017年の総選挙での立憲民主党の結党により、その試みは終わった。野党の大きな塊として結党したはずの希望の党が、枝野幸男が一人で立ち上げた立憲民主党に野党第一党の座を奪われたからである。有権者が保守二大政党を求めていないことは、明白になった。

加えて、近年の共産党が方針や政策を軟化させ、実質的に穏健な社会民主主義の政党になりつつあり、他の野党との共闘が進み始めた。すべての主要政党が政府与党を経験する可能性が現実化しつつあり、万年与党と万年野党という政治構造が変化するかもしれない。

従来の分析枠組みを無効化してきた安倍政権

安倍政権は、大日本主義をリニューアルし、大日本主義と小日本主義という国家方針の対立軸を再びあらわにした。国家方針の議論は、新党さきがけが「小さくともキラリと光る国」「質実国家」と小日本主義を打ち出したことを除けば、平成の政界再編でずっと埋もれてきた。安倍首相自身が、山口県を選挙区とする岸信介の孫で、歴史的にも血筋においても大日本主義の正統な後継者であることは、極めて象徴的である。

リニューアルされた大日本主義は、アメリカの世界戦略への積極的な協力を大きな特徴とする。かつてのように、日本単独で対外的な覇権を求めるのでなく、アメリカの世界戦略に日本のそれを同一化させ、忠実な同盟者として、対外的な影響力を伸張しようとしている。

経済成長を最重視することも特徴である。戦前の大日本主義は軍事を最重視していたが、経済のために軍事・外交を用いるのが特徴だ。経済成長のために手段を選ばないことを基本とし、国際社会でアメリカの覇権に依存する。

そのため、経済政策「アベノミクス」と大日本主義は表裏一体である。経済成長のためには、対立的な経済政策であっても、同時に全面展開するのがアベノミクスの本質である。第一段階では、マネタリズムに基づく異次元金融緩和、ニューケインジアンに基づく機動的な財政政策、サプライサイド経済学に基づく岩盤規制の緩和を旗印とした。第二段階では、分権的な政策(地方創生)、包摂的な政策(一億総活躍)、分配的な政策(全世代型社会保障)を加えた。一方、武器や原子力発電所の輸出に積極的な姿勢を一貫してきた。

それにより、安倍政権は従来の政治的な枠組みを無効化してきた。「保守と革新」「右翼と左翼」「成長と分配」などの枠組みは、安倍政権のどこを切り取るかで、まったく変わってしまう。自民党の支持者を見れば「保守」となり、憲法改正の熱意を見れば「革新」となり、差別的な言説を見れば「右翼」となり、公文書破棄などで政府を蔑ろにするアナーキーな姿勢を見れば「左翼」となり、第一段階のアベノミクスを見れば「成長」となり、第二段階を見れば「分配」となる。

従来の枠組みが無効化される一方、好景気に依存する社会を強化するのか、景気変動と人々の生活を切り離した社会を目指すのかという、経済政策をめぐる対立点が浮上しつつある。これまで、不景気になると人々の生活が苦しくなることから、すべての政党が景気対策を重視してきた。けれども、バブル崩壊以降は、経済指標での景気回復と人々の生活実感の向上が伴わなくなっており、安倍政権になってそれがより顕著になっている。従来の方針を続けて好景気を実現しても、人々の生活が良くなるとは限らない。実際、経済学者の野口悠紀雄は、労働者の賃金が抑制され、企業の利益に回っている構造を、統計分析から明らかにしている。[12]

つまり、好景気に依存する社会を強化し、経済成長のために憲法改正を含めて手段を選ばない「経済的大日本主義」と、景気変動と人々の生活を切り離し、憲法を尊重して新たな社会への転換を図る「経済的小日本主義」が、新たな対立軸となりつつある。前者は国家と意思決定の速さを重視し、後者は個人と意思決定の丁寧さを重視することになる。

経済思想から見れば、経済的大日本主義は「新自由主義」を基本とし、経済的小日本主義は「社会的共通資本」を基本とする。後者の経済思想は、経済学者の宇沢弘文が提唱したもので「一つの国ないし特定の地域に住むすべての人々が、ゆたかな経済生活を営み、すぐれた文化を展開し、人間的に魅力ある社会を持続的、安定的に維持することを可能にするような社会的装置」のことである。かみ砕けば、選挙や裁判などの法令、医療や福祉などの社会保障、道路などのインフラ、山河などの自然環境、地域の人々との信頼関係など、人々が生きるために必要な有形無形のシステムやサービス、事物を「資本」と捉え、人々の共有財産として充実・運用することで、ゆたかな経済社会が実現するとの考えである。[13]

社会的共通資本の考え方は、一見すると経済思想に見えにくいが、制度経済学や公共経済学、環境経済学などが背景にある。新自由主義の祖であるミルトン・フリードマンとシカゴ大学経済学部で同僚だった宇沢が、それに強く疑問を抱き、日本に帰国してから現場を回った公害や環境破壊などの社会の矛盾を踏まえ、対抗する経済思想としてたどり着いた。

このように、経済的小日本主義＝社会的共通資本は、幕末から続く国家方針の選択肢の潮流を受け継ぎ、新自由主義への有力な対抗軸となっている。

経済的小日本主義・社会的共通資本を示した枝野幸男の政権構想

２０２０年5月末に発表された立憲民主党代表・枝野幸男の「政権構想」は、経済的小日本主義と大きく重なる。新自由主義と小さな政府路線を批判し、自己責任から支え合いの社会へ、垂直統合型から分散ネットワーク型の経済へ、小さな政府から機能する政府への転換を提示した。これらは、宇沢のいう社会的共通資本を重視する政策に他ならない。[14]

この政権構想には外交・安全保障政策は示されていないが、立憲民主党は安倍政権による集団的自衛権の合憲化を否定し、専守防衛を主張しており、従来の小日本主義の枠内である。政策の重心が内政に置かれていることも、小日本主義らしさといえるだろう。

そして、これが発表された後の都知事選で、本稿の冒頭で示した動きがあった。彼ら保守系・連合系ベテラン議員たちの政権構想への賛意としても受け止められる。

要するに、野党の「理念の軸」が、経済的小日本主義・社会的共通資本の国家方針として固まりつつあり、そこに従来の保守・革新などの枠組みを超えた多様な政治家や市民が結集しつつある。それは、安倍政権への明確な対抗軸であると同時に、新自由主義という経済思想への対抗軸であり、幕末から長年にわたって続く歴史的な対立軸である。

この「理念の軸」が極めて本質的であるが故に、30年にわたる野党再編は、野党ブロックの形成として終わりつつある。野党ブロックの今後の盛衰や「理念の軸」に結集しない政治家がどうなるか、それは分からない。けれども、野党ブロックが本質的な「理念の軸」をもち続ける限り、日本は時代環境に適応する選択肢を失わない。

『論座』２０２０年7月16日／7月17日掲載を改題・加筆修正

新しい立憲民主党の「綱領」を読み解く

野党第一党が新自由主義からの脱却で結集した

立憲民主党と国民民主党は2020年8月上旬、両党で結成する新党の「綱領」案などで合意し、翌月に新しい「立憲民主党」を結党した。国民民主党は、大半の議員が立憲民主党に合流したが、玉木雄一郎代表ら複数の議員が分党して存続した。

本稿では、新たな立憲民主党の綱領について、旧民進党の綱領と比較しながら読み解く。政局の混乱はさておき、それが歴史的・社会的に意味をもつのか、それとも単なる数合わせ的な作文なのかを確認しておくことは重要である。なぜならば、野党第一党の綱領は、自由民主党政権に代わる「もう一つの国家方針」となり得るものだからだ。[15]

政党の綱領は、個別の政策よりも上位の概念に位置づけられる「国家方針」を示す。国家ビジョンや社会像、政権運営の基本方針などともいい換えられる。個別の政策は、そこから導き出される。逆にいえば、個別の政策で合意しても、国家方針で合意できなければ、その政党が政権を獲得しても、まともに運営できない。

この綱領は「理念」と「政策の基本方針」で構成されている。民進党も同様の構成である。立憲民主党の理念は「基本理念」で、民進党のそれは前文と「私たちの立場」からなる。「政策の基本方針」は「私たちのめざすもの」で、民進党のそれは「私たちの目指すもの」となっている。[16]

立憲民主党の理念は「憲法の実現」

冒頭の「基本理念」では、民主主義を発展させる政党と、自らを規定している。具体的には〈立憲主義と熟議を重んずる民主政治を守り育て、人間の命とくらしを守る、国民が主役の政党〉とある。〈立憲主義と熟議を重んずる民主政治〉とは、歴史的な民主主義の深化を踏まえ、さらなる発展を最重視するものと理解できる。立憲民主党に参加する者は、民主主義の徹底的な擁護者であらねばならないという意味だ。

また、国家よりも個人を優先すると規定している。〈人間の命とくらしを守る、国民が主役の政党〉とは、個人を犠牲にしてでも国家を優先するという国家方針に対し、個人を優先する国家方針に転換することを示している。政権運営において、国家と個人のどちらを優先するかは、極めて重要な論点だ。自民党政権が、しばしば国家優先の政策や言説を示すことに対し、明確な対立軸となっている。歴史的な視点に立てば、ファシズム（全体主義）への絶対的な反対姿勢ともいえる。

個人の優先については、多様性もキーワードとしている。〈「自由」と「多様性」を尊重し、支え合い、人間が基軸となる「共生社会」〉を創るとしており、個人のあるがままの尊重と、権利の擁護が示されている。これは、国家に対する視点で個人を優先することに加え、組織に対する視点でも個人を優先することを意味する。権威主義への強い反対姿勢である。

国際関係については、自国の短期的な利益よりも、長期的な互恵関係を重視している。〈「国際協調」をめざし、「未来への責任」を果たす〉とは、武力や経済力に依存せず、対話による対外姿勢を示している。また「未来への責任」とは、環境問題などの長期的な問題に対し、国内外で国力に相応しい役割を果たす姿勢を示している。これらは、しばしば選挙においてプラスとならない方針だが、選挙に有利だからといって、邪道を採用しないとの意味もある。

これらの理念を総合すれば「日本国憲法の実現」となる。憲法の三大原則「国民主権」「基本的人権の尊重」「平和主義」と同義だからである。

これは、新しい立憲民主党が民進党への先祖返りでないことも示している。民進党綱領は、最重視する価値として「民主主義」でなく「改革」を掲げていた。〈既得権や癒着の構造と闘う、国民とともに進む改革政党〉と自己規定し、〈「生活者」「納税者」「消費者」「働く者」の立場〉に立つとしていた。そのため、国家との関係では個人を優先させることを明確にしていたものの、組織と個人のどちらを優先させるかは、曖昧だった。「共生」はキーワードの一つであったものの、最重視の価値だった「改革」との関係は曖昧で、立憲主義は理念の一段下の「目指すもの」に位置づけられていた。

政治姿勢・政権運営の基本方針

政治・行政への信頼向上は、1980年代後半から続く、日本政治の重要課題である。1993年の総選挙では「政治改革」が最大の争点となり、2005年の郵政解散、2009年の政権交代選挙も、政治・行政への不信感が背景にあった。2012年に自民党政権が復活したのも、民主党政権が政治・行政の信頼向上に失敗したと見なされた面があった。

立憲民主党は、民主主義の深化と行政の質的改革によって、政治・行政の信頼を向上しようとしている。〈立憲主義に基づく民主政治〉と〈危機に強く信頼できる政府〉を柱として〈草の根の声に基づく熟議〉と〈透明で公正な信頼される政府〉を実現するとしている。

興味深いのは、しばしば対立的に語られがちな、危機への対処能力と民主性・透明性・公正性について、分かちがたいものと認識している点である。一般的に、危機に強い政府では、民主性・透明性・公正性を犠牲にして、意思決定の速さを求める。逆に、民主性・透明性・公正性を優先する政府は、危機管理能力が高くないといわれやすい。

近年の災害で明らかなように、民主性・透明性・公正性に優れた自治体ほど、素早くかつ的確な危機対応をしている。例えば、２０１９年の千曲川水害において、長野県の防災ツイッターの的確な対応が話題になったが、知事・幹部が担当職員の判断を信頼し、職員の即応を追認する公正な行政が実現していたからである。[17]

従来の「大きな政府・小さな政府」という対立軸から脱却して「機能する政府」を目指している点も興味深い。政府の機能とは、社会の課題を解決することにある。立憲民主党は、政府の機能の充実を目指しており、政府の大きさは社会の課題解決への必要性から自ずと決まってくる。政府の大小に関係なく、社会の課題を解決しない政府は「悪い政府」で、解決する政府は「良い政府」となる。

一方、民進党は小さな政府を目指していた。〈自由と民主主義に立脚した立憲主義を断固として守る〉としつつも、そのための具体的な記述はなく、〈税金のムダ遣いを排するとともに、国の借金依存体質を変える行財政改革、政治家が自らを律し身を切るなどの政治改革、地方の創意工夫による自立を可能とする地域主権改革を断行する〉と、政治・行政の規模を小さくすることを重視していた。政府の機能や質でなく、規模や量に着目し、それを小さくしようとしていた。

経済政策

経済政策も、1990年代半ばから続く重要課題である。バブル経済の崩壊以降、新自由主義を基調とする様々な経済政策が実施されてきたが、自律的で安定した経済状況には至っていない。アベノミクスは、異なる経済思想に基づく経済政策を同時かつ大規模に実施してきたが、目標に掲げた「持続的な経済成長（成長率3％）」を実現できていない。

立憲民主党は、市場の公正と生活の安定を目指すとしている。〈人を大切にした幸福を実感できる経済〉との柱で、市場経済を前提としつつも〈目先の効率性だけにとらわれずに、人を幸せにする経済〉で〈過度な自己責任論に陥らず、公正な配分により格差を解消〉するとしている。

これは、新自由主義を基調とする競争重視の経済政策から脱却し、社会的共通資本の経済思想に転換することを意味している。社会的共通資本は〈一人ひとりが幸福を実感できる社会〉を実現するため、自然環境、社会資本、制度資本（教育・医療・金融・司法・行政など）を充実させるもので、綱領の掲げる〈人への投資〉〈公正で透明な社会システム〉〈持続可能で安心できる社会保障制度〉〈機能する実行力のある政府〉と同義となる。

この点も、新自由主義を基調としていた民進党と大きく異なる。民進党は〈人への投資で持続可能な経済成長を実現する〉ため〈市場への新規参入を促し、起業を促進する規制改革を実行する〉としていた。〈地球環境との調和〉〈安全・安心〉〈経済成長は幸福をもたらすものでなくてはならない〉〈公正な分配による人への投資なくして持続可能な成長は達成できない〉などの留保はあったが、穏健な新自由主義と呼べる方針であった。

社会政策

社会のあり方については、最大の関心を抱かれつつも、これまでの選挙で大きな争点になってこなかった。国政選挙での世論調査で、常に最大の関心を占めてきた社会保障についても同様である。主要政党の打ち出す政策の軸は、改革であり、経済であった。主要政党間で、スピードはともかく、方向性についてそれらほど大きな違いがなかったこともその背景にあった。

しかし、第二次安倍政権の登場により、社会政策は主要な争点に浮上しつつある。なぜならば、安倍首相が「美しい日本」という復古的な装いをもつ理念を抱き、首相の側近や支持者が野党や異なる考えの人々を「反日」などと攻撃するからだ。それは、安倍政権が打ち出す包摂的な政策（例えば一億総活躍や全世代型社会保障など）の印象を強く打ち消している。安倍首相自身も、そうした側近や支持者に対し、事あるごとに共感や親愛を示し、後押しをしてきた。

これに対し、立憲民主党は多様性と包摂性を強く打ち出している。〈人権を尊重した自由な社会〉〈多様性を認め合い互いに支え合う共生社会〉〈持続可能で安心できる社会保障〉と、社会政策の分野では三つの柱を設けている。具体的には〈ジェンダー平等〉〈性的指向や性自認、障がいの有無、雇用形態、家族構成などによって差別されない社会〉〈一人ひとりが個人として尊重され、多様な価値観や生き方を認め、互いに支え合いつつ、すべての人に居場所と出番のある共生社会〉〈社会全体ですべての子どもの育ちを支援し、希望する人が安心して子どもを産み育てることができる社会〉などと示されている。

この社会政策は、立憲民主党と民進党との間で、もっとも違いの少ない分野である。民進党は〈共生社会をつくる〉との柱で〈一人一人がかけがえのない個人として尊重され、多様性を認めつつ互いに支え合い、すべての人に居場所と出番がある、強くてしなやかな共に生きる社会〉〈男女共同参画を推進〉〈個人の自立を尊重しつつ、同時に弱い立場に置かれた人々とともに歩む〉としていた。

環境エネルギー政策

福島原発事故の後、重視されるようになった争点が環境エネルギー政策である。異常気象に伴う大災害の頻発から、気候変動についても大きな争点になりつつある。既に欧州諸国の国政選挙では、気候変動が最大の争点になっている。

立憲民主党は、原子力などの垂直統合型のエネルギーシステムから、再生可能エネルギーなどの分散ネットワーク型のエネルギーシステムへ転換するとしている。〈地域ごとの特性を生かした再生可能エネルギーを基本とする分散型エネルギー社会を構築し、あらゆる政策資源を投入して、原子力エネルギーに依存しない原発ゼロ社会を一日も早く実現〉〈気候変動などの地球規模の課題にも正面から向き合い〉〈多様な生物や自然環境との調和をはかり、持続可能な社会をめざします〉と、単なる脱原発でなく、エネルギーシステムの抜本的な転換を指向しているのが大きな特徴である。

この点、脱原発だけを示していた民進党とは、大きな違いである。民進党は〈原発に頼らない社会を目指す〉と示すだけで、新たなエネルギーシステムを構想するものではなかった。また「未来への責任」をうたいながらも、環境や持続可能な社会については触れてもいなかった。

要するに、立憲民主党は、化石燃料を基盤とする産業革命以来の工業社会を抜本的に見直し、脱炭素文明の創造を目指している。ドイツやデンマークなどの一部の欧州諸国は、国家方針として これを既に採用している。

外交・安全保障政策

外交・安全保障政策については、政権交代によっても変更されないことが望ましいとされ、沖縄の新基地建設を除けば、大きな争点になってこなかった。とはいえ、その重大性は誰もが認識するところであり、経済や生活への影響も大きい。

立憲民主党は、国際協調による対話の外交・安全保障を原則とし、問題の是正を通じて日米関係を強化しようとしている。〈国際協調と専守防衛を貫き、現実的な安全保障や外交政策を推進〉〈健全な日米同盟を軸に、アジア太平洋地域とりわけ近隣諸国をはじめとする世界の国々との連携を強化〉〈人道支援、経済連携などを推進するとともに、核兵器の廃絶をめざし、人間の安全保障を実現〉すると示している。

自国だけに利益をもたらす「短期的な国益」よりも、多国間で利益を分け合う「長期的な国益」も重視している。〈自国のみならず他の国々とともに利益を享受する「開かれた国益」を追求〉とは、世上でいう「情けは人の為ならず」の姿勢であり、簡単そうで難しい外交方針である。例えば、グローバル化で国際的な賃金競争にある中、賃金の低い国の人々の生活や労働条件を改善し、それを通じて不毛な賃金競争を解消していくことが、これに当たるだろう。

実は、民進党の外交・安全保障政策も、これと大きな違いはない。〈国を守り国際社会の平和と繁栄に貢献する〉との柱で〈専守防衛を前提に外交安全保障における現実主義〉〈日米同盟を深化させ、アジアや太平洋地域との共生を実現〉〈多国間協調の枠組みを基調〉〈核兵器廃絶、人道支援、経済連携などにより、開かれた国益と広範な人間の安全保障を実現〉とある。

しいて違いを指摘すれば「健全な日米同盟」との考え方である。これは、日米安保条約の①アメリカの日本防衛、②日本のアメリカ世界戦略への協力、③日米の恒久的な不戦の3つの要素のうち、①と②の弊害を解決することで、③の要素を強化するものと理解できる。

経済的小日本主義

与党ブロックと野党ブロックの対立軸は、個別政策の是非よりも上位の概念、国家方針をめぐるものである。

そのためには、与党ブロックの「経済的大日本主義」に対し、野党ブロックが「経済的小日本主義」を明確に打ち出さなければならない。与党ブロックは、政治力・軍事力を含めた国家の力を最大限に活用して、新自由主義の経済思想を基調とし、さらなる経済成長を目指す国家方針である。それに対し、人々の力や国内外の協力関係をできる限り引き出して、社会的共通資本の経済思想を基調とし、将来を含めた人々の生活安定を目指す国家方針を野党ブロックが示さなければ、有権者は国家方針を選択できない。

これまで見たとおり、立憲民主党の綱領は、経済的小日本主義を明確に打ち出した。とりわけ、新自由主義と決別し、社会的共通資本の経済思想に転換することは、1993年以降の野党再編において、どの野党第一党も明確にできなかったことで、画期的である。機能する政府という新たな概念を打ち出し、大きな政府・小さな政府という従来の対立概念を破ったことも大きい。

この国家方針は「国家重視の国家方針を転換し、個人重視の憲法と合わせる」ものである。与党ブロックは「個人重視の憲法を改正して、国家重視という国家方針を追求する」ことを明確化しており、分かりやすい与野党の対立軸となる。一方、55年体制の自民党が採用していた「個人重視の憲法と国家重視の国家方針の併存を維持する」国家方針は、中道勢力の衰退に見られるように、意義を失いつつある。

立憲民主党の国家方針は、SDGs（国連持続可能な開発目標）とも合致している。綱領でSDGsの17項目と矛盾する点はなく、それを積極的に推進する内容となっている。これは、綱領が国際的にも普遍性を有することを意味する。

さらに、新しい立憲民主党の綱領は、旧・立憲民主党や国民民主党の綱領とも矛盾せず、単に足し合わせたものでもなく、バージョンアップさせた本格的な綱領となっている。それを示すため、本稿では民進党の綱領と比較した。希望の党騒動が「不幸な分裂」でなく、新自由主義を基調としていた過渡的な野党第一党（民進党）が、時代の要請に応える本格的な野党第一党に変化するための段階だったとも解釈できる。

そして、立憲民主党の「理念」と「政策の基本方針」に示された「憲法の実現」は、従来の「保守二大政党論」に終止符を打ち、30年間に及ぶ野党再編を完了させ、日本政治の一つの転換点を意味する。野党支持者であろうとなかろうと、議会制民主主義の発展は多くの人が望むところであり、明確な国家方針をもつ野党ブロックの存在が、必要なことに同意できるだろう。

この綱領に誠実であれば、野党ブロックがいかなる悪条件の下に置かれても、議会制民主主義の前途が洋々たることは必然である。これをもって、新しい立憲民主党と議会制民主主義の門出を祝す辞となす次第である。

『論座』2020年8月18日掲載を改題・加筆修正

自由民主党と立憲民主党の党首選挙で問われるべきこと

綱領との関係を見ることが政党政治と民主主義の王道

2020年9月は、与党第一党と野党第一党の党首選挙が同時に行われる、憲政史上で稀有な月となった。自由民主党は、安倍晋三総裁（首相）の辞任表明により、総裁選挙を行う。新たな立憲民主党も、代表選挙を行う。

これは、両党の関係者だけでなく、すべての有権者にとって政党政治を考える良い機会である。政党は、議会制民主主義において不可欠の組織であるにもかかわらず、憲法上の位置づけはなく、私的な運営がまかり通る不思議な組織だからだ。かつての自民党総裁選では、しばしば現金が飛び交うといわれたが、総裁選での票の買収は違法でない。

多くの有権者が政党に所属せず人生を過ごす一方、国政選挙で政党を考慮せずに投票することは難しい。どのような社会を目指すのか、党首や候補を信頼できるのか、自らの重視する課題は解決されるのか、政権を維持するのか変えるのかなど、政党や候補の示す様々な情報を踏まえて、有権者は一票を投じる。

有権者が政党に無関心であっても、政党の方から追ってきて、あらゆる有権者に影響を及ぼす関係にある。日本に住む誰もが、政党政治から逃れられない。このことは、中学校の社会科ですべての有権者が学んでいるはずだが、自覚している人はそれほど多くないだろう。

両党の党首選挙が同時に行われることは、それだけ報道が増え、有権者の政党政治への関心が高まることになる。自覚的か無自覚的かにかかわらず、それだけ多くの有権者が政党政治を考えることは、民主主義の発展にとってプラスであってもマイナスでない。

そこで、本稿では、議会制民主主義の観点から党首選挙をどう見るべきか、視座を提供する。従来は、党首候補の人柄や目につく主張などが場当たり的に報じられ、有権者は共通の視座を持っていなかった。けれども、議会制民主主義において政党政治が不可欠な以上、有権者として共通の視座は存在する。視座から不足する情報があれば、有権者はその説明を党首候補に求めることが適切である。

「綱領の実現」との視座

政党の理念と国家方針は、政党が有権者に示す普遍的な公約として、綱領に示されている。理念は基盤となる政治思想を示し、国家方針は政策の基本方針を示す。政党は、有権者に対して綱領を実現すると約束して集っているのだから、綱領とはまさに公約である。目の前の選挙と関係なく、長期にわたって存在する公約だ。

党首選挙は、共通の理念を有する党員同士で、国家方針を実現するための具体的な方法を争う。綱領に示されている国家方針は、目指す社会像と国家運営の基本原則を示しているに過ぎず、当面の政策課題や実現の手段を示すものでないからだ。

国家方針を実現するための具体的な方法は、大きく三つに分かれる。これら以外にも様々な方法があり得るが、党首候補は少なくともこの三点を示す必要がある。

第一は、当面の重要な政策課題に対する方針である。なぜならば、重要な政策課題について、当選した党首候補の所見を踏まえて、党としての方針が決まるからである。重要な政策課題では、往々にして同じ政党の中であっても、異なる意見が存在するが、党としての方針を決めることが、議会制民主主義における政党の役割として求められている。党首選挙は、党全体でそれを議論し、民主的に決定する絶好の機会となる。

特に、綱領を実現する観点から、党首候補の所見を明確に示す必要がある。具体的な政策課題であっても、常に綱領との関係が問われるべきである。政党の中で、綱領を無視して政策課題を論じることは、相互に矛盾する政策を実行することにつながるからだ。耳ざわりがいいだけで、結果的に人々に不幸をもたらす政策を排することにも資する。

第二は、党と政権の運営方針が綱領で示す政治姿勢に基づいているか、である。運営方針とは、人事の方針だけでなく、意思決定のあり方も含む。透明性・公正性の高い運営方針なのか、それとも不透明・不公正な運営方針なのか。党首候補は、綱領に基づいて、具体的な方針を示さなければならない。

この運営方針は、議会制民主主義の質を直接的に決める。政党には、有権者の意見を集約して整理する機能があるからだ。また、与党第一党になれば、政府の運営方針となる。そのため、政党の意思決定が目詰まりしていれば、議会制民主主義も目詰まりする。非民主的な政党運営は、世論との乖離を引き起こし、議会制民主主義への信頼を損なう。

第三は、選挙の方針である。政党の最大の役割は、選挙を通じて有権者の意見を政治に反映させることにある。選挙での勝利を目指さないことは、政党人からすれば背任行為に他ならない。党首には、選挙の方針・候補を決定する役割だけでなく、いわゆる「選挙の顔」としての役割もある。

この選挙の方針についても、綱領との関係が重要になる。なぜならば、国政選挙の候補とは綱領の実現について有権者に直接的な責任を負う存在であり、選挙と議席を通じて、政党という私的な組織と議会制民主主義における公的な役割をつなぐ存在だからである。それ故、どのような候補を擁立し、どのような選挙（有権者との対話）を行うか、党首選挙を通じて合意形成する必要がある。

いずれにしても重要なことは、綱領を実現するという視座である。党首選挙は、そのためのより良い方法とリーダーを、政党内で競うものである。政党の公的な役割を踏まえれば、党員はもちろんのこと、有権者も綱領という公約との関係を厳しく問うことが望ましい。

それでは、これらについて自民党と立憲民主党の綱領はどうなっているのか。

自民党の綱領と総裁選への視座

自民党は、1955年に結党後、綱領を2回更新している。当初の綱領では、階級政党でなく国民政党、一党独裁でなく議会制民主主義の政党であると自己規定していた。立党50年の2005年に更新された綱領でも引き続き、国民政党であると自己規定している。最新の綱領は、2010年に定めた「平成22年綱領」である。本稿では、この綱領を基本としつつ、この綱領で過去の綱領を引き継ぐとしている点はそれを参照する。[18]

自民党の国家方針は、個人よりも国家を重視し、他者への依存を戒めることを重視している。国民像として「家族、地域社会、国への帰属意識を持ち、自立し、共助する国民」を規定し、

「日本らしい日本の姿を示し、世界に貢献できる新憲法の制定を目指す」としている。

経済については、市場への介入に抑制的で、財政再建を明記している。「自律と秩序ある市場経済を確立する」としており、市場には自主的な運営が期待されている。また「財政の効率化と税制改正により財政を再建する」とあることから、自民党内での減税論は、歳出の削減とセットになる。

公正な社会システムや共助・公助への配慮はあるものの、総じて国家と自己責任を重視する国家方針といえる。自民党の総裁選で、個人の権利や分配を重視する候補、減税と歳出拡大をセットで唱える候補がいれば、綱領との関係を厳しく問われるべきだろう。その候補が総裁になるに際して、綱領を見直さないのであれば、不誠実な候補といわざるを得ない。

次に、自民党の政治姿勢は、対話と公正を重視しつつも、決断を掲げている。党と政権の運営方針について「勇気を持って自由闊達に真実を語り、協議し、決断する」「多様な組織と対話・調整し、国会を公正に運営し、政府を謙虚に機能させる」としている。

そのため、総裁候補は、対話・公正と決断をどのように両立させるのか、あるいはどちらを優先するのか、具体的に語る必要がある。綱領では、しばしば相反するそれらの関係について、明記していないからである。ここは、総裁の方針によって、大きく変化する点だろう。

選挙の方針は、綱領（国家・自己責任重視）の急進的な実現を目指すのか、それとも穏健的な実現を目指すのかによって決まる。安倍総裁は、この点について明快であった。前者の選挙方針に基づく「日本を取り戻す」「この道しかない」とのスローガンを掲げ、杉田水脈議員や青山繁晴議員など、自らに同調する国家主義的な考えの候補を積極的に擁立した。

これは当たり前のようだが、自民党の歴史を見ると、しばしば国家方針・政治姿勢と選挙方針が異なっていた。選挙でクリーンな政治を掲げつつ、汚職や不祥事がしばしば発生してきた。このような国家方針・政治姿勢と選挙方針の乖離は、議会制民主主義に真っ向から反する。

立憲民主党の綱領と代表選への視座

立憲民主党の国家方針は、前稿で見たとおり、国家よりも個人を優先し、自己責任から支え合いへの転換を重視している。自民党が自助を最優先し、次いで共助、最後に公助としているのに対し、公助を最優先し、次いで共助、最後に自助としている。

経済については、人権や多様性、幸福の追求を重視し、市場の公正性と透明性の確保・介入に積極的である。社会保障においても、個人を単位とした手厚い社会保障制度を実現しようとしている。自民党が新自由主義的であるのに対し、社会的共通資本の考え方に立っている。

立憲民主党は、市場経済に依ることを示しつつも、総じて個人を重視していることから、代表選の政策課題については、この綱領との整合性が問われる。代表選で、個人よりも国家を重視する候補、減税と社会保障の充実をセットで唱える候補がいれば、綱領との関係を厳しく問われるべきだろう。その候補が代表になるに際して、綱領を見直さないのであれば、不誠実な候補といわざるを得ない。

次に、立憲民主党は、ボトムアップからの熟議を重視し、民主主義の擁護者と自己規定している。自民党が決断主義的であるのに対し、丁寧な対話による合意形成を掲げている。代表選の候補は、この綱領で定める熟議と現実の制約をどうするかについて、具体的に説明しなければならない。自民党の綱領では、誰かが決断するとしているが、立憲民主党はそうでないからだ。一方で、現実の合意形成には、時間と資源の制約が存在する。そこを説明しなければ、党と政権の民主主義は形骸化しうる。

選挙の方針は、綱領の実現に必要な人材を候補とするか、それとも従来のとおり選挙に強い人材を候補とするか、問われる。なぜならば、既存の国家方針と社会の維持を指向する自民党に対し、立憲民主党は新たな国家方針と社会への転換を図るため、綱領を本気で実現しようとすれば、様々な分野から新たな人材を候補として登用しなければならない。一方、そうすれば選挙に強くない候補が増える可能性も高い。

これまでも、野党の選挙では、理想（政策）と現実（選挙）のどちらを優先するのか、常に問われてきた。立憲民主党の代表選は、この点について党内の合意を形成し、方針を明確にする重要な機会となる。

「機会主義者」を党首にしてはならない

以上のとおり、党首選挙の基準とすべきは、党の綱領である。重要政策、運営（ガバナンス）、選挙を総合して、もっとも綱領の実現に近づく（と思われる）党首を選ぶのが、党首選挙である。

メディアと有権者が、党首選挙に際して気をつけるべきは、綱領と無関係に論評したり、判断したりすることである。例えば、自民党の総裁候補に対し、個人よりも国家を重視しているとして批判するのはお門違いである。あるいは、立憲民主党の代表候補に対し、市場への介入を強化するとの批判を向けるのも間違いである。綱領で既に規定されている方針だからだ。

党首選挙に関して議員や党員の意見を聴く際も、綱領との関係を念頭に置く必要がある。彼ら・彼女らは、綱領を実現するのにふさわしい党首を総合的な観点から選ぶのであって、社会全般を念頭に置いているメディアや一般有権者と同じ視点ではない。

むしろ、メディア・有権者も党首選挙をその党の綱領との関係で見ることが、議会制民主主義の脅威となる「機会主義者」の出現を抑制する。非論理的に意見をコロコロ変え、嘘をつくこともいとわず、ひたすらに権力を追求する機会主義者は、議会制民主主義の政治家としてもっともふさわしくない。有権者の政治に対する信頼を損ない、人権や平和という共通価値を軽んじ、全体主義の進出に抵抗せず、民主主義を破壊するからである。

もし機会主義者が首相になれば、社会は大きく混乱する。自らの権力維持を最優先し、すべての判断をその視点で行い、社会の課題が解決されないからである。機会主義者が課題を解決することがあっても、それは偶然に過ぎない。機会主義者は、自らの権力維持を国家のためと正当化し、政府の私物化という概念すら持たない。想像すれば、それが悪夢と分かるだろう。

要するに、主要政党の党首選において綱領との関係を問うことは、誠実な首相を選ぶことにつながり、すべての有権者にとって重要なことになる。それこそが政党政治の王道であり、議会制民主主義を発展させる道である。

『論座』２０２０年9月3日掲載を改題・加筆修正

菅首相と枝野代表の国家方針を比較する

国家方針の選択は有権者に委ねられた

2020年10月26日に開会した第203回国会では、大きく異なる二つの国家方針が示された。第一の国家方針で、現実に実施される国家方針は、同日の菅義偉首相による所信表明演説である。第二の国家方針で、対案としての国家方針は、同28日の立憲民主党の枝野幸男代表による代表質問である。前者は、自由民主党・公明党を中心とする与党ブロックの国家方針であり、後者は、実質的に立憲民主党と日本共産党を中心とする野党ブロックの国家方針である。

首相と野党第一党党首による演説のすべてが、国家方針を示すものとは限らない。例えば、通常国会の冒頭に行われる首相の施政方針演説は、予め示された国家方針に基づく、翌年度の政権運営方針である。野党党首による施政方針演説に対する代表質問も、それに合わせた視点でなされる。

国家方針を示す演説となるのは、新たに選出された直後の首相による所信表明演説と、同様の野党第一党党首による代表質問である。前任の首相が同じ政党の所属であっても、後任の首相が前任内閣の閣僚であっても、議院内閣制では、国家方針における属人的な変化を許容しているため、新たな首相による新たな国家方針を示す必要がある。同じく、野党党首においても、政党としての国家方針が変化する可能性を政治システムとして許容しているため、それを示すことが有権者への責任となる。

奇しくもこの国会の直前、首相と野党第一党党首がほぼ同時に選出され、与党ブロックと野党ブロックの国家方針が同時に示される機会となった。菅首相は、9月に新たな自民党総裁に選出され、首相に就任した。枝野代表も9月、立憲民主党と国民民主党などの合流によって結成された新たな立憲民主党の代表に選出された。どちらも、就任後に初めて迎える国会となり、国家方針を示す機会となった。

衆議院議員の任期は両演説の時点で残り一年であり、与党ブロックと野党ブロックそれぞれの国家方針が国会で示されたことは、来たる総選挙に向けて、有権者のもっとも重要な判断材料となる。そこで本稿では、菅首相の所信表明演説と枝野代表の代表質問を基に、与党ブロックと野党ブロックの国家方針を抽出し、比較する。どちらが正しいかということよりも、有権者が与党ブロックと野党ブロックの国家方針の違いを理解し、自らの考えに近いブロックに投票することが大切である。

菅首相が目指す「自己責任の社会」

国家方針は、大きく内政と外政に分かれる。前者は国内社会について、後者は国際社会について、目指す社会像をめぐる方針である。現代は国内外が複雑に絡み合う社会であり、内政と外政を単純に切り分けることはできない一方、日本を統治する政府の長としての方針であることから、政府の領域内と領域外について分けて整理することも合理的である。

菅首相が目指すのは、自助を優先し、自己責任を重視する社会だ。〈私が目指す社会像は、「自助・共助・公助」そして「絆」です。自分でできることは、まず、自分でやってみる。そして、家族、地域で互いに助け合う。その上で、政府がセーフティネットでお守りする〉と演説している。これは、生きるために必要な公共サービスを使うのは、個人として万策尽きた時という原則である。

自助優先の社会では、公助を求める人に対し、政府が自助を尽くしたかを問う。「自分でできることは、まず、自分でやってみる。そして、家族、地域で互いに助け合う」ことが十分になされたのか、公助を求める人が証明し、政府が認定しなければ「セーフティネットでお守りする」わけにはいかない。実際、この原則を生活保護制度に当てはめた取り組みは「水際作戦」と呼ばれ、新型コロナウイルスのパンデミックでも一部で行われている。[19]

また自助優先の社会では、政府が自助することを奨励し、自助する人を優遇するように社会システムを変える。人々が自助するよう、政策で仕向ける。そのような政策としては、介護保険の給付を用いず、家族の力や自己資金、民間の保険で介護を受ける人に対し、減税や給付金などのインセンティブを設けたり、介護保険への公費支出を減らしたりすることが考えられる。

さらに、政府は自助能力の向上を絶対善とし、向上した人への社会的な負担の軽減を指向する。自助を促しておきつつ、実現した人に対し、重い負担を課すことは矛盾となるからだ。自助能力の向上を追求することは、社会的に正しい行為であり、追求しないことは誤った行為となる。

自助能力とは、困ったときの助けを市場から調達する能力、すなわち所得・財産である。自助能力の向上とは、所得・財産の増加である。自助能力を向上した人の社会的な負担の軽減とは、高額所得者・資産保有者への減税である。

つまり、菅首相は、所得・財産増加の追求を絶対善とすること、すなわち新自由主義を国家方針として採用すると表明した。新自由主義とは、万民に儲けの追求を奨励するとともに、儲けた人への税を軽減し、儲けない人への給付を抑制し、儲けることを阻害する規制を撤廃し、給付や規制を担う政府を小さくしようとする経済思想である。

一方、新自由主義の弱点は社会の連帯を弱めることにあり、菅首相は「絆」でそれを補おうとしている。残念ながら、その「絆」が何を意味するのか、所信表明演説では示されていない。一つ考えられるのは「自分だけ（あなただけ）が苦しいのではない」と、人々が相互に励まし合うことを奨励することである。今後の国会審議で具体的に示されることを期待したい。

そして、菅首相は、自助能力の向上を促進するため、儲けの追求を阻む社会システムを改革すると強調している。〈そのため、行政の縦割り、既得権益、そして、悪しき前例主義を打破し、規制改革を全力で進めます。「国民のために働く内閣」として改革を実現し、新しい時代を、つくり上げてまいります〉と、演説を結んでいる。

枝野代表が目指す「支え合いの社会」

枝野代表が目指すのは、公助を優先し、支え合いを重視する国内社会である。〈政治と行政の力で、お互いさまに支え合う仕組みを作ります。思いもよらない病気やケガ、失業などに直面しても生活が成り立つ。年老いても安心して生活できる。家庭を持ちたい、子どもを産み育てたいと願う方が、その望みを心配することなく叶えることができる。そして、何よりも命を守る〉と演説している。これは、生きるために必要な公共サービスを使うのは、個人が自ら必要と考えた時という原則である。

公助優先の社会では、公助を求める人に対し、政府は必要性を厳しく問うことなく、公共サービスを提供する。枝野代表は〈命と暮らしを守る上で欠かせない基礎的なサービス＝ベーシックサービスを、すべての皆さんに保障することです。医療や介護、子育て支援や教育。必要なサービスを、必要に応じて提供することは、政治の最大の役割です。それなのに、競争や目先の効率性ばかりを追い求め続けてきた結果、こうしたサービスは、質量ともに大きく不足しています〉と、この点を説明している。

一方、公助優先の社会では、公共サービスにおける一定のムダを許容せざるをえない。〈これらのサービスは、目先の効率性という観点から、100％近い稼働率であることが求められ、ギリギリの運営をしてきました。これでは、今回のようなイザという時に、命や暮らしを守ることができません。稼働率に余裕を持たせた、ゆとりある運営へと転換します〉と、枝野代表も「ゆとりある運営」との表現で非効率性が出ることを認めている。

ただし、公助を必要としない人が「現物」給付の公共サービスを不正利用することは難しい。なぜならば、必要としない人が提供を受けても何の役にも立たないからだ。例えば、大人が自ら保育園に入所（保育という公共サービスの利用）し、園児たちと一緒に遊んだり、昼寝したりしても、意味がないし、そうした不正利用を排除することは容易である。

公助が不正利用の温床として批判されやすいのは、現在の公助システムが現物でなく「現金」給付を中心とするためである。現金給付の公助とは、必要なサービスを自分で市場から調達することを前提に、その費用に相当する額を渡す公共サービスである。現金給付は、現状の消費社会を踏まえれば生存に不可欠な公助である一方、それを重視してきたことが一部で公助を蔑む風潮も生んできた。家賃や給食費などのように、公営住宅の整備や給食の無償化などの現物給付で代替できる公助が多くあり、現物給付を充実させてこなかったツケを当事者に求めてしまっている。

公助優先の社会では、所得・財産の多少にかかわらず、負担能力に応じて公助の費用を分担し、必要に応じて公助を利用することになる。所得・財産が多ければ負担が多くなり、所得・財産がなければ、多少なりとも所得・財産を得た際に少額でも費用を負担する。それは、税制・社会保険料・公共料金と公助のあり方を一体のシステムとして整備することを意味する。

そして、公助のシステムには、道路などのインフラ、裁判所などの社会制度、森林などの自然環境も含まれ、総称して社会的共通資本となる。社会的共通資本とは、人々の生活を支える広い意味での公助システムともいえる。

つまり、枝野代表は、公助システムの充実を絶対善とすること、すなわち社会的共通資本の考え方を国家方針として採用すべきと表明した。万民が多様な幸せを追求するとの前提に立ち、儲けた人への税を重くし、必要とする人への給付を厚くし、社会の改善を促すよう規制をデザインし、政府がそれらを確実に実行できるようにする政策方針である。

国際協調重視で一致するもアプローチの異なる外政方針

外政の国家方針について、菅首相と枝野代表はいずれも国際協調を重視し、内政のような根本からの方向性の違いは見られない。菅首相は〈米国をはじめ各国との信頼、協力関係を更に発展させ、積極外交を展開していく決意です〉〈新型コロナウイルスにより人間の安全保障が脅かされており、国際連携の強化が必要です。保健分野など途上国を支援するとともに、多国間主義を推進していきます〉と、国際協調を基本とした方針を示している。枝野代表も〈健全な日米同盟を軸として、現実的な安全保障、外交政策を推進します〉と、同様の方針を示している。

しかし、それを実現するための政策には、大きな違いがある。国際協調に則った国際社会を目指す点では、菅首相と枝野代表は同じだが、重要課題について真逆の姿勢を示している。

その代表が日米関係である。いずれも、日本にとって極めて重要な二国間関係であることと、その友好関係の大切さを示しつつ、それを発展させるための方法が異なる。

菅首相は、沖縄県・辺野古新基地の建設を進めることが、日米関係の発展に寄与すると訴えている。〈我が国外交・安全保障の基軸である日米同盟は、インド太平洋地域と国際社会の平和、繁栄、自由の基盤となるものです。その抑止力を維持しつつ、沖縄の基地負担軽減に取り組みます。普天間飛行場の危険性を一日も早く除去するため、辺野古移設の工事を着実に進めてまいります。これまでにも、沖縄の本土復帰後最大の返還となった北部訓練場の過半の返還など、着実に前に進めてきました。引き続き、沖縄の皆さんの心に寄り添いながら、取組を進めてまいります〉と、菅首相は述べている。

他方、枝野代表は、辺野古新基地反対の民意を尊重するとともに、日米地位協定を対等な関係に改定することが、日米関係の発展に寄与すると訴えている。〈健全な日米同盟を維持・発展させるためにも、埋め立てを中止し、沖縄の民意をはじめとした実情を、米国に対し率直に説明して理解を求め、別の道を協議すべきです〉〈健全な二国間関係であるなら、米国に対し、地位協定の改定を明確かつ粘り強く求めるのが当然です〉と、枝野代表は述べている。

与野党で基本的な方向性（日米友好関係の発展）を共有しつつ、アプローチが真逆になるのは、支持層の意見の違いのみならず、アメリカに対する認識の違いが背景にあると考えられる。アメリカの本質について、国益のためならば軍事力の行使をためらわない帝国主義国家と見なすならば、菅首相のアプローチは妥当であり、平和と人権を尊重する進取の気性に富む人々が集まる民主主義国家と見なすならば、枝野代表のアプローチが妥当となる。両面あることは両者共に疑っていないだろうが、最終的にどちらをアメリカの本質と見るかが、アプローチの違いになって表れていると考えられる。

総選挙の一大争点は「国家方針」の選択

菅首相の所信表明演説と枝野代表の代表質問から、国家方針を明確に示すとの有権者に対するもっとも重要な役割を、両者はともに果たしたといえる。国家方針を曖昧にし、できる限り幅広い有権者から支持を集めようとする「機会主義者」の出現について危惧していたが、杞憂で終わった。

菅首相の国家方針は、内政で新自由主義を基本とする自己責任重視の社会を実現し、外政で国際協調を重視しつつ、帝国主義的と見なすアメリカとの関係を強化することにある。

枝野代表の国家方針は、内政で社会的共通資本を基本とする支え合い重視の社会を実現し、外政で国際協調を重視しつつ、民主主義的と見なすアメリカとの関係を強化することにある。

菅首相の国家方針は、やがて日本国憲法と抵触するため、その改正が必要となり、社会の連帯を維持するため、個人よりも国家を重視した権威主義的な体制を強化することになるだろう。実際、演説において〈国の礎である憲法について、そのあるべき姿を最終的に決めるのは、主権者である国民の皆様です。憲法審査会において、各政党がそれぞれの考え方を示した上で、与野党の枠を超えて建設的な議論を行い、国民的な議論につなげていくことを期待いたします〉と憲法改正への期待を示している。

枝野代表の国家方針は、日本国憲法と重なるために改正を要さず、社会の多様性を高めるため、国家よりも個人を重視した民主主義的な体制を強化することになるだろう。枝野代表は〈誰もが安心できる支え合いの仕組みと、その仕組みを担う機能する政府を作り、命と暮らしを守ります。多様な個人と地域が、互いに認め合い、それぞれにその力を最大限に発揮できる「共生社会」を実現します。立憲主義に基づく透明でまっとうな政治を取り戻します〉と述べている。

今後は、国会論戦などを通じて、両者の国家方針とそれに基づく政策がより具体的に示されることを期待している。厳しく批判されるべきは、議員や記者、有権者からの質問に対して答えないことだ。はぐらかしたり、答弁を控えたりすることは、有権者の適切な判断を阻害する。

そして、有権者には、総選挙における国家方針の選択という、滅多にない機会を最大限に活かして欲しい。コロナ禍を通じてオンラインでのコミュニケーションが盛んになった。否が応でも、時代の大きな変化を感じる昨今。私たちは、どのような社会に生きたいのか。国内外の様々な人たちはもちろん、何よりも身近な人たちと、語り合って欲しい。そのときは、菅首相と枝野代表の演説を比べた上で議論すれば、大いに盛り上がるだろう。

『論座』２０２０年10月30日掲載を改題・加筆修正

日本共産党の政権参画に向けた課題を分析する

時代状況に合わせる現実適応力と乗り越えるべき組織文化

2021年1月、日本共産党は1922年の結党以来、政権参画にもっとも近い位置に立っている。背景にあるのが、野党共闘の進展による野党ブロックの形成だ。前年1月の第28回党大会で、当時の立憲民主党・安住淳国会対策委員長や国民民主党・平野博文幹事長、無所属の中村喜四郎衆議院議員ら野党の幹部やキーパーソンが挨拶したことは、その象徴だろう。

そこで、本稿では同党の綱領などの基本文書を読み解き、政権参画の課題を分析する。対象とする基本文書は、同大会で改定された「綱領」と採択された当面の活動方針である「第一決議（政治任務）」「第二決議（党建設）」に加え、党規約である。共産党は、他党に比べて文書を詳細に作成し、それを忠実に実行する組織文化があるといわれる。そのため、他党以上にこれら文書が、政権参画に際して重要になると考える。

共産党の特徴は、基本文書や組織構成、党の意思形成に関する情報が、他党よりも多く公表されていることにある。分析対象とする基本文書を含め、様々な情報が共産党ホームページに掲載されている。さらに、基本文書などは音声で聴くこともでき、バリアフリー性も高い。本稿も、ホームページでの公表情報のみに依っている。

なお、筆者は共産党を含むあらゆる政党・政治団体に所属していない。本来であれば、このような説明は不要で、文章のみで読者の判断をあおぐべきと考えるが、共産党の規約を考慮すれば、同党の分析に際して立場表明が求められると考えた。規約第5条は党員の権利と義務を定め、そのなかに「党の決定に反する意見を、勝手に発表することはしない」義務と「党大会、中央委員会の決定をすみやかに読了し、党の綱領路線と科学的社会主義の理論の学習につとめる」義務があるが、筆者は該当せず、共産党の学習をこれまで一切受けていないことを、読者に予め示す必要があると考えた。

独特のワーディング

共産党の綱領には、他党の綱領に含まれる理念・政治思想と目指す国家方針に加え、党の歴史と時代認識が含まれる。字数は、小見出しも含めて1万5000字超である。立憲民主党の綱領が1800字弱であることと比較すれば、その情報量の多さが分かる。丁寧かつ論理的に書かれており、平易な文章だ。

そのため、共産党の考え方を理解するためのもっとも重要な文書が、綱領になる。前述のとおり、党員は綱領の学習が求められ、ホームページにも志位和夫委員長による解説動画が掲載されている。政党とは、綱領に賛同して集う組織であることから、綱領を学習し、様々な議論の出発点とすることは、共産党のみならず、他の政党においても求められることだ。他党は、綱領の学習を重視する点について、共産党から大いに学ぶべきだろう。

さて、共産党の綱領には、党員でない人が読むに際して留意すべき特徴が三つある。これらを理解せずに読むと、共産党の「真意」を理解できず、誤解を抱きかねない。共産党員も、その点を理解しておくと、党外との協力関係を構築する際、役立つだろう。

第一の特徴は、独特のワーディングである。党外で一般的に使われない用語や異なる意味で使われている用語が、特段の定義や注釈もなく、平易な文章の中に埋め込まれている。そのため、それらを理解できず、誤読しやすい。

とりわけ、帝国主義、独占資本主義、民主主義革命、社会主義、共産主義などの言葉は繰り返し示されるキーワードであるにもかかわらず、意味するところは分かりにくい。もちろん、綱領は党員のためのものであり、独特のワーディングを批判する意図はない。かつては、共産党員であるか否かにかかわらず、多くの人々がマルクス主義を学んでおり、問題なかったのだろう。一方、現在は社会科学を専門とする大学教員であってもマルクス主義を体系的に学ぶ人は少数で、一般の人々であればなおさらだ。筆者も、体系的に学んだことは一度もない。

綱領は、現在の日本をアメリカ帝国主義に従属する国家独占資本主義の社会と見なし、民主主義革命が必要との認識に立っている。〈世界の平和と安全、諸国民の主権と独立にとって最大の脅威となっている〉〈アメリカ帝国主義〉に、日本は〈従属的な国家独占資本主義として発展し〉〈大企業・財界が、アメリカの対日支配と結びついて、日本と国民を支配する中心勢力の地位を占め〉ているため、〈異常な対米従属と大企業・財界の横暴な支配の打破〉を実現する〈民主主義革命〉を必要としていると述べている。これらのワーディングからは、おどろおどろしい現状認識と、一夜にして社会を激変させるような行動をとるとの印象を受ける。

しかし、独特のワーディングをかみ砕くと、多国籍企業に有利なグローバリズムと大企業を重視する垂直統合型の社会を批判し、公正な社会の実現と格差の縮小を求める認識と分かる。このように書けば、多くの人々が同意できるだろう。〈自由と多様性を尊重し、支え合い、人間が基軸となる共生社会を創り、国際協調をめざし、未来への責任を果たす〉という立憲民主党の綱領と、言わんとする趣旨は、それほど変わらない。

綱領は、歴史についての記述と、現代についての記述について、同じ用語であっても異なる意味で使っている。綱領で現代について「帝国主義」と書いてある語は、学問としての国際関係論における「現実主義」に相当し、外交手段としての武力を排除せず、短期的な国益を追求する国家方針との意味である。「国家独占資本主義」は、企業が政府に働きかけて有利な政策を実現することで、その弊害が大きいことを示す語として用いられている。「民主主義革命」は、透明・公正な政治・行政システムに改革し、世論が的確に反映されることを意味している。共産党のもっとも重要な概念の社会主義・共産主義についても、幅広い解釈が可能な語として用いられている。綱領は「民主主義革命」の次の段階として〈資本主義を乗り越え、社会主義・共産主義の社会への前進をはかる社会主義的変革が課題となる〉と述べ、その変革は〈主要な生産手段の所有・管理・運営を社会の手に移す生産手段の社会化〉としている。ところが、後の項で〈生産手段の社会化は、その所有・管理・運営が、情勢と条件に応じて多様な形態をとりうる〉と、市場経済の公正さの確保を含め、いかようにも解釈できる語として説明されている。

エクスキューズの強調と超長期を含む時代の射程

第二の特徴は、党員へのエクスキューズである。どの政党であっても、綱領などの基本文書は、党員向けに書かれている。よって、基本文書による党員へのエクスキューズ自体は、共産党の特徴でないが、それが他党よりも強い調子で書かれている。

とりわけ、党の正しさと党員の鼓舞に関しては、他の政党の基本文書よりも強調されている。

例えば、綱領の党史は〈党は、日本国民を無権利状態においてきた天皇制の専制支配を倒し、主権在民、国民の自由と人権をかちとるためにたたかった〉などと、悪政と「たたかった」ことを繰り返し、党大会の第二決議で〈どんな難しい条件のもとでも、党建設にうまずたゆまず力を注ぎ、党の陣地をもちこたえてきたことの意義はきわめて大きい〉と自己評価している。古参党員は、こうした共産党の正しさや鼓舞に、さらなる活動強化を決意するだろう。一方、戦闘的で大仰な表現は目立つものの、歴史などでの事実関係の間違いはない。

これら自己評価の高さと戦闘的な文章は、党外の者からすれば鼻につくが、党員向けに書かれた文書である以上、やむを得ない。共産党は100年にならんとする長い歴史を持つ政党で、戦前の弾圧や戦後の路線論争、社会主義国の崩壊を乗り越え、多くの党員を維持してきた。逆風の中、長期にわたって党員の活動を支えてきたため、他党よりも党員をより強く意識して基本文書は書かれている。そのことを踏まえて読み解く必要がある。

第三の特徴は、綱領で範囲とする時代の射程が、他党よりもはるかに長いことである。どの政党であっても、綱領は過去を踏まえ、将来の目指す社会を示すもので、一定のタイムスパンを考慮して書かれるが、共産党のそれはケタ違いに長いのである。

他党が現在を軸に過去と未来それぞれ数十年間を綱領の範囲としているのに対し、共産党は数百年間を範囲としている。例えば、自民党の2010年綱領は、結党した1955年頃から21世紀半ばくらいまでを認識の範囲としている。一方、共産党の綱領は、20世紀初頭から21世紀末、読みようによっては22世紀前半くらいまでを範囲としている。21世紀まるごとを、同時代として書いているからだ。

そのため、他党の綱領では書かれていない、超長期のスパンで目指すことが綱領で書かれている。共産党の綱領は18項に分かれ、他党と同様の中長期的なスパンについて書いているのは、第12項から第15項までである。そこだけを読めば、それほど他党と違わない。第12項の冒頭には〈必要としている変革は、社会主義革命ではなく〉〈政治・経済・社会の民主主義的な改革の実現〉であると書かれている。

しかし、超長期で目指すことが、他党の綱領でも書かれている中長期で目指すことと、それほど区別されずに書かれており、混乱要素になっている。例えば、天皇制については第12項で〈憲法の前文をふくむ全条項をまもり〉〈天皇の政治利用をはじめ、憲法の条項と精神からの逸脱を是正する〉と天皇制の廃止を目指していないことを規定する一方、同じ第12項に天皇制の〈存廃は、将来、情勢が熟したときに、国民の総意によって解決されるべきもの〉と、超長期のことが記述されている。他党であっても、現在の人間が誰も生きていないくらい先の人々がどうするかまでは、同様の姿勢を取らざるをえないだろう。綱領に超長期のことを書くか、書かないかの違いでしかない。

「社会民主主義政党」としての日本共産党

「共産党文学」とでも評せるこれらの特徴を踏まえて綱領などの基本文書を読み直せば、社会民主主義政党としての共産党が浮かび上がってくる。共産党をこのように規定することは、党員からすれば侮辱と受け止められるかもしれないが、そうではない。時代状況に合わせて、実際の性格を変化させてきた共産党の現実適応力を評価してのことである。

日本共産党は、超長期的に見てもいわゆる「革命」を目指す政党でなく、議会政治を通じて社会民主主義の実現を目指す政党である。綱領は、中長期で「民主主義革命」、超長期で〈社会主義・共産主義の社会への前進をはかる社会主義的変革〉を目指すとしているが、それは〈国会を名実ともに最高機関とする議会制民主主義の体制、反対党を含む複数政党制、選挙で多数を得た政党または政党連合が政権を担当する政権交代制は、当然堅持する〉ことを通じて行うとしている。前者の「民主主義革命」とは、前述したように、透明・公正な政治・行政システムに改革することであり、後者の「社会主義的変革」とは「情勢と条件に応じて多様な形態」となる「生産手段の社会化」のことである。

社会主義と社会民主主義を分けるポイントの「生産手段の社会化」について、社会民主主義政党の代表格といわれるドイツ社会民主党の綱領と、趣旨として大きな違いはない。ドイツ社会民主党の2007年綱領を見ると、同党は〈国や社会が市民の基本的な権利を留保なしに保障する経済構造を追求する〉としており、そのためには「生産手段」を社会の一定のコントロール下に置く必要がある。その手法は、独占禁止法のように法令で規制することから、国有化のように所有することまで様々に考えられるが、ドイツ社会民主党の綱領は、少なくとも旧ソ連で行われた方法を採用しないことだけは明確にしつつ、手法を特定していない。共産党の綱領も、同様に〈生産者を抑圧する官僚専制の体制をつくりあげた旧ソ連の誤りは、絶対に再現させてはならない〉と明記し、前述のように手法を特定していない。[20]

目指す社会像も、社会主義・共産主義の言葉とは裏腹に「社会の課題が解決された状態」でしかない。綱領は〈社会主義的変革の中心は、主要な生産手段の所有・管理・運営を社会の手に移す生産手段の社会化である。社会化の対象となるのは生産手段だけで、生活手段については、この社会の発展のあらゆる段階を通じて、私有財産が保障される〉としているが、長きにわたる自民党政権においても、企業や設備、労働者その他の生産手段について、規制の強化によって徐々に社会化が行われてきた。共産党が目指すのは、その路線の強化である。

要するに、共産党の目指す「社会主義・共産主義の社会」は、ほぼ北欧型社会民主主義の社会であり、いわゆる資本主義の枠内にある。曖昧な定義の「生産手段の社会化」を通じて目指すのは、第一に〈人間による人間の搾取を廃止し、すべての人間の生活を向上させ、社会から貧困をなくすとともに、労働時間の抜本的な短縮を可能〉にすること、第二に〈経済の計画的な運営によって、くりかえしの不況を取り除き、環境破壊や社会的格差の拡大などへの有効な規制を可能〉にすることである。「共産党文学」を削ぎ落せば、適正な賃金を得られ、より良い暮らしとなり、格差が解消され、長時間労働がなくなり、景気が安定化し、環境が保全される社会となり、資本主義国に分類されるデンマークやスウェーデン、フィンランドなどの北欧諸国が、それにもっとも近い状態にある。

なお、共産党と市民的自由との関係については「自由と民主主義の宣言」も重要である。これを読むと、市民的自由の尊重、いわゆるリベラリズムへの最大限の尊重がうたわれており、過去の共産党の主張していた社会主義と、本稿で指摘する実質的な社会民主主義の追求について、理論的な整合性が図られている。

このように、日本共産党の内政は、欧州の社会民主主義と同様の政策を追求するもので、政権参画への大きなハードルとならない。「革命」という語を用いているものの、暴力革命も無血革命も国家体制の転覆も指向していない。あくまで、議会制民主主義と資本主義の枠内で、実質的な社会民主主義の実現を目指すものである。

日米安保は「改善」か「廃棄」か

それでは、歴史的な経緯で独自に形成されてきた外交・安全保障政策はどうか。共産党の外交・安全保障政策は、マルクス主義や社会主義という政治思想よりも、戦前の官憲による党への弾圧や戦後の人々の戦争への危機感に大きな影響を受けて形成されてきた。よって、内政とは別に考察する必要がある。

第一に、日米安全保障条約は、短中期的な「民主的改革」の条件として、廃棄するとしている。綱領第13項は〈日米安保条約を、条約第十条の手続き（アメリカ政府への通告）によって廃棄し、アメリカ軍とその軍事基地を撤退させる。対等平等の立場にもとづく日米友好条約を結ぶ〉としている。その後は〈いかなる軍事同盟にも参加せず、すべての国と友好関係を結ぶ平和・中立・非同盟の道を進み、非同盟諸国会議に参加する〉としている。短期的な政策を示す「第一決議」においても〈日米安保条約を国民多数の合意によって廃棄〉するとしている。

ここは、政権参画に際し、共産党が難しい判断を迫られる点である。なぜならば、共産党単独政権の見込みがなく、他に日米安保条約の廃棄を主張する主要政党がないため、実現の見通しが立たないからだ。一方、政権に参画し、党幹部が国務大臣となれば、日米安保条約に基づく法令を執行する立場となる。外交や安全保障を直接に担当する大臣でなくても、内閣は合議体として連帯責任を負う。民主主義を擁護する政権で、内閣の方針と党の方針は違うなどの屁理屈的な言い逃れは、議院内閣制を掘り崩すことにつながり、政権の性格と矛盾する。

参画する政権が日米地位協定の改定や辺野古新基地の建設中止に向けて動けば、一層のジレンマに陥る。改定された地位協定や新たな日米合意について、閣議決定や国会承認を求められるからだ。それらに合意することは、日米安保条約の存続に合意することを意味し、綱領や党大会決議に反する。国会承認となれば、内閣と党は異なるとの弁明も通用しない。

そのため、共産党が政権参画するに際して、少なくとも日米安保条約に関する考え方を再整理する必要がある。同条約の主な要素は、①アメリカの日本防衛、②日本のアメリカ世界戦略への協力、③日米の恒久的な不戦である。2000年頃から自民党政権は②の機能強化に努め、安倍政権のいわゆる安保法制はその集大成であった。一方、立憲民主党は①②の弊害の改善を通じて、③の機能を強化しようとしている。つまり、日米安保条約に基づく日米安保体制には、共産党の求める対等・平等の関係を基礎とする健全な日米関係が含まれうる。

再整理の論点は、日米安保条約の弊害の改善を優先して実を取るのか、それとも条約の廃棄を勝ち取れるまで政権参画を諦めて名を取るのか、どちらかの選択になる。それを判断し、必要に応じて綱領や党大会決議に反映させることが、政権参画へのポイントとなる。

違憲なのは自衛隊そのものか、規模や装備か

第二に、自衛隊については、党大会決議で憲法違反とする一方、綱領では憲法違反と明示せず、微妙な違いがある。党大会決議は〈自衛隊は憲法9条に明確に違反〉と示す一方、綱領には憲法違反との指摘はない。〈自衛隊については、海外派兵立法をやめ、軍縮の措置をとる。安保条約廃棄後のアジア情勢の新しい展開を踏まえつつ、国民の合意での憲法第9条の完全実

施〈自衛隊の解消〉に向かっての前進をはかる〉としている。論理的には、自衛隊を縮小しても自衛隊のままであり、大会決議での憲法違反との指摘と整合しない。

この点も、政権参画に際して再整理の必要がある。野党ブロックの多数派である立憲民主党は、安倍政権の安保法制に反対し、安倍政権が提起した敵基地攻撃能力の保有に対して批判的である。そのため、政権政党となった場合、軍縮の方向に舵を切る可能性は高い。一方、前述したとおり、規模や予算を縮小しても、自衛隊は自衛隊のままであり、共産党が与党となった場合、国務大臣や与党として自衛隊の存在と予算を認めるのか、問われる。

再整理の論点は、自衛隊の規模や装備を違憲状態とするのか、それとも自衛隊の存在そのものを違憲とするのか、どちらかの選択になる。前者であれば、国政選挙の一票の格差と同様に、改善して違憲状態を脱することが求められ、政権参画と矛盾しない。他方、後者であれば、縮小した自衛隊であっても違憲として認めることにならず、他党との連立は難しいだろう。

他にも、現実との調整が丁寧になされている内政と比べ、外交・安全保障では検討の不十分さが目につく。例えば、綱領で〈国連憲章に規定された平和の国際秩序を擁護し、この秩序を侵犯・破壊するいかなる覇権主義的な企てにも反対〉としつつも〈千島列島と歯舞群島・色丹島の返還をめざす〉としているのは矛盾である。日本政府は、千島列島の領有権をサンフランシスコ平和条約に伴って放棄しており、それを国際社会に要求することは、国連憲章第107条〈いわゆる旧敵国条項〉に抵触し、国連から「覇権主義的な企て」と見なされる。

外交・安全保障政策において、共産党が現実とのすり合わせを突き詰めてこなかったのは、ひとえに政権参画の可能性に乏しかったためと考えられる。内政については、かつての革新自治体に代表されるように、自治体で首長を出したり、与党になったりしているため、現実との調整が必要とされてきた。けれども、それが求められなかった外交・安全保障政策では、歴史的な経緯を踏まえた原則論を主張することが重視され、そのことに社会的な意義もあったため、調整が不十分な状態に置かれてきたのだろう。

外交・安全保障政策は、過去の政府の行為を引き継がねばならず、変更するにしても、相手国との交渉と合意が必要で、政権の裁量が内政よりも著しく狭い。ちゃぶ台返しすることは不可能でないが、それは国交断絶や戦争の危機をもたらす。国際関係は、良かれと思われた行為が想像を絶する悪い状態を導くこともあり、複雑な多元方程式のようでもある。原理原則に固執すると、現実を改善できないというジレンマに陥りかねない。

政権参画に向けた最大の課題は組織にある

共産党の政権参画に際して、外交・安全保障政策での課題を明らかにしたが、最大の壁は共産党の組織にある。外交・安全保障の課題は、目指す理想と現実に実行できる政策について、体系的に整理し直せば済むことでもある。政権参画前に、党員が丁寧な議論を通じて再整理を理解すれば、旧社会党の政策転換に伴ったような党内ハレーションは防げるだろう。

共産党の組織は、できる限り属人性を排し、論理的かつ計画的に運営する方向で形成されている。規約は〈民主集中制を組織の原則〉とし、具体的には〈意思決定は、民主的な議論をつくし、最終的には多数決で決める〉〈決定されたことは、みんなでその実行にあたる。行動の統一は、国民にたいする公党としての責任である〉〈すべての指導機関は、選挙によってつくられる〉〈党内に派閥・分派はつくらない〉〈意見がちがうことによって、組織的な排除をおこなってはならない〉としている。とりわけ「党内に派閥・分派はつくらない」とすることで、役職に基づかない有力者の出現を抑制している。役職と影響力が必ずしも一致しない、派閥政治の自民党とは真逆である。

一方、議院内閣制は属人性を前提としている。内閣に入る政治家が、その人格・識見を最大限に発揮して、内閣を運営することが期待されている。彼ら・彼女らが、それにふさわしいのかチェックする責任が国会にあり、ふさわしくなければ不信任することが期待される。

内閣の実務においても、民意を反映させようとするほど、内閣の一員である政治家の力量が問われる。内閣の運営方法は、形式として存在するものは儀式に近く、実際にはほとんど政治家の属人性に依存している。閣僚委員会の設置のように、ある程度は制度化できるものの、内閣内部の信頼関係に依存する面が大きく、完全には難しい。

連立与党内での意思形成においても、同様の問題が発生する。野党と比べものにならないくらい、与党では様々な事柄について意思形成が求められる。それも突発的に発生したり、急いで決めなければならなかったりと、機動性も求められる。

そうなると、大臣や議員である党員は、党の判断をあおぐ間もないまま、自らの責任で微妙な判断を迫られるようになる。特に、内閣・行政の内部においては、メンバーシップが極めて重視され、大臣、副大臣、大臣政務官は、外部から一切の助けを得ずに、困難な判断や交渉をしなければならない局面がある。大臣秘書官として党から連絡役を送り込んでも、閣僚間の折衝や外交交渉など、決定的な局面では陪席すら難しく、ましてや発言や助言はできない。

内閣に入った党員に対して、党が予め白紙委任をしていれば問題なかろうが、現在の組織文化からすると難しいのではないか。例えば、規約の「党の諸決定を自覚的に実行する」「党の決定に反する意見を、勝手に発表することはしない」という党員の義務が、大臣としてのギリギリの判断や交渉に関して、抵触するおそれがある。こうした問題は、自民党や立憲民主党では起きがたい。党運営に属人性が織り込まれ、入閣しての属人性も暗黙の了解となっているからだ。自民党に至っては、常設の最高意思決定機関である総務会が、派閥代表で実質的に構成されるほど属人的だ。

共産党の望む「民主主義的な改革」を実現できる政権では、政権内での信頼関係を維持することが不可欠となるが、形式の決定者と実際の決定者が異なる人事は、それを決定的に損なう。かつての民主党政権では、そのことに伴う政権内での相互不信の増大が、政権の崩壊に直結した。共産党から内閣に入った政治家に裁量がなく、すべて党にお伺いを立てているという状態では、政権内での信頼関係が維持できないだろう。

共産党が政権参画するには、これらの組織としての課題を解決しなければならない。属人性を排するこれまでの組織運営と真逆となるが、形式と実際の決定者が異なるのは、民主主義に反するため、何らかの手立てを予め講じる必要がある。

共産党の政権参画は議会制民主主義を発展させる

以上のとおり、共産党の政権参画には、他党との関係の前に、共産党自身で乗り越えなければならない壁がある。なかでも、歴史的な積み重ねのある外交・安全保障政策の再整理と、属人性を排する民主集中制の党運営と議院内閣制の関係の検討は、容易でないだろう。

それでも、すべての主要政党が政権運営の経験を持つことになる点で、閣内か閣外かはさておき、近い将来の共産党の政権参画を歓迎したい。人口減少と経済成熟の日本は、今後さらに政策資源の減少に悩まされる。それを有効に用いて、社会の課題を解決していくことが、政府・自治体の避けられない役割である。その際、政権運営の経験があることは、より効果的な政策提案ができることを意味する。それは、新型コロナウイルス対応での野党から政府への提言を見れば明らかで、野党は一発逆転的な奇策でなく、新味に乏しいけれども課題を着実に解決するオーソドックスな提言を重ねてきた。立憲民主党幹部が、民主党政権での東日本大震災の経験を活かしているからだろう。

政権運営の経験を踏まえた論戦が国会で行われることは、議会制民主主義の発展と同義である。共産党が再び野党になるときには、それ以前に比べて、政府与党にとってさらに手ごわい論戦相手となるに違いない。政府の内部を熟知した論戦となるからだ。

そして、共産党が革命政党でなく、実質的に社会民主主義政党となっていることは、野党ブロックの「個人重視・支え合い」の国家方針に転換する上で、大きな力となる。形式的なお題目でなく、現実の政策転換に、野党ブロックの力を集中させることができるからだ。

新自由主義と巨大な多国籍企業を頂点とする垂直統合型社会は、あくまで資本主義の一形態であって、すべてでない。共産党が批判する「資本主義の矛盾」も、ほとんどこれらに起因する問題だ。

野党ブロックには、新自由主義と垂直統合型社会を脱却し、人口減少、経済成熟、気候変動を解決する政権の樹立を期待している。共産党を含む野党ブロックのすべての政党・政治家は、これまでの様々な行きがかりを乗り越え、奮起と飛躍をしていただきたい。

そして、有権者には将来を熟慮し、渾身の票を国政選挙で投じることを強く期待したい。

『論座』2021年1月2日／1月3日掲載を改題・加筆修正

2つの国家方針と背景にある考え方

	自由民主党を中心とする与党ブロック	立憲民主党を中心とする野党ブロック
国家観	強くて立派な国が、国民を守り、幸せにする	幸せな生活を営む個人が集まり、いい国となる
国民観	自助を追求することで、共助が機能し、公助できる	公助が備わることで、共助が機能し、自助できる
社会観	経済成長の徹底追求が、社会の改良をもたらす	個人を尊重する公正な制度が、社会の改良をもたらす
経済観	企業活動の自由と科学技術が、経済を成長させる	個人の自由と社会の改良が、経済を安定させる
国家方針	**経済的価値**を最大化するため、個人重視・支え合いを定める憲法を改正し、**国家重視・自己責任**を名実ともに追求する。	**社会的価値**を最大化するため、これまでの国家重視・自己責任の政策を改め、**個人重視・支え合い**（憲法の国家方針）を名実ともに追求する。

第2章

個人重視・支え合いの国家方針で必要となる5つの政策

「現在の延長線上の未来」か「もう一つの未来」か

総選挙の最大争点は国家方針の選択

2021年は、第49回衆議院選挙（総選挙）の年である。第48回総選挙が行われた2017年10月22日から衆議院議員の任期満了となる4年を迎えるからだ。菅義偉首相が衆議院を解散するか否かにかかわらず、総選挙が必ず行われる。

第49回総選挙では、大きく二つの争点が主要政党側から提示される見通しである。一つは従来と同様の受動的な争点、もう一つは主要政党側が形成してきた能動的な争点だ。これまでの国政選挙では、メディアから主要政党に対して「争点なき選挙」としばしば批判されてきたが、少なくともこの総選挙では的外れとなる。

第一の争点は自民・公明連立政権の政治手法

あらゆる国政選挙で争点となるのは、時の政府与党の政治手法に対する是非である。この争点は、総選挙でも参議院選挙でも補欠選挙でも同じである。国政選挙である限り、そのときの政府与党に対する信が問われる。

第49回総選挙でまず問われるのは、現在の政府与党である自民党・公明党の連立政権の政治手法の是非である。ここでいう政治手法とは、アベノマスクやGoToキャンペーンなどの新型コロナウイルスに対する政府の対処から、桜を見る会の安倍晋三前首相の虚偽答弁、日本学術会議の任命拒否問題、菅首相長男による総務省幹部の接待問題、吉川貴盛元農林水産大臣の収賄疑惑、河井克行・案里夫妻による公職選挙法違反事件などに至るまで、安倍・菅政権の実績である。

自民・公明政権による政権運営について、問題なしと考える有権者は自民党・公明党に投票し、反省すべき点があると考える有権者は両党以外に投票する。第一の争点では、こうした投票行動が求められる。

その結果、両党の議席が現有より増えればこれまでの政治手法を継続すべし、減少すれば政治手法を見直すべしと、有権者が判断したと見なされる。前者の結果となれば「みそぎが済んだ」として、これまでの政治手法がより拡大され、後者の結果となれば「お灸がすえられた」

として、両党がこれまでの政治手法を見直すことになるだろう。それは、結果的に両党が衆議院の過半数を占め、与党になったとしても同じである。現有議席からどれだけ増減するかがポイントになる。

政治手法の是非が争われた結果、自民党に激震が走ったことはしばしばある。典型例は、森喜朗首相のときの第42回総選挙（2000年6月25日）である。小渕恵三首相の急逝に伴い、密室協議で首相になったと批判された森首相は、党内外から厳しい批判を浴び、この総選挙で271議席から過半数割れの233議席へと38議席を減らした。この選挙は、森首相の失言から「神の国解散」とも呼ばれた。その後、森首相は数回にわたる内閣改造で挽回を試みるも、内閣支持率が世論調査で9％（朝日新聞）まで落ち込み、総選挙から10カ月後の翌年4月に総辞職へ追い込まれた。けれども、自民党政権が倒れたわけでなく、同じ森派の小泉純一郎政権に引き継がれた。有権者から「お灸がすえられた」わけである。

ただし、これは重要な争点だが、これだけならば、メディアは「争点なき選挙」と批判しがちである。特別な争点でなく、すべての国政選挙に付随する、あまりにも当然すぎる争点だからだ。

第二の争点は「国家方針」の選択

主要政党側から能動的に示される争点は、国家方針の選択である。それも、細かく見ると分かる違いでなく、基盤とする政治・経済思想の違いに由来する大きな違いである。目指す社会像も大きく異なる。

争点の選択肢は、政党ブロック単位で示される。政党ブロックとは、複数の政党が形成する政党連合で、典型例は自民党と公明党で構成する与党ブロックである。政権を獲得したときには、国会での首相指名選挙で協力し、大臣を共に出す閣内協力、大臣を出さない与党による閣外協力、予算や重要法案などで与党に同調する部分協力など、強固なブロックから緩やかなブロックまで、いくつかの協力パターンがある。

現在のブロックは、自民党を中心とする与党ブロック、立憲民主党を中心とする野党ブロックの二つに大きく分かれている。なお、日本維新の会については、選挙では与野党双方のブロックに対立的でありつつも、国会運営や重要法案などで与党ブロックに同調的であるため、政府与党に部分協力する政党と考えられる。

これらの政党ブロックが、もっぱら選挙事情でなく、国家方針をめぐって形成されるようになったことが、第48回総選挙までと大きく異なる。自民・公明の与党ブロックは、１９９８年の小渕政権から形成され、２００９年から２０１２年までの民主党政権時も連携関係を継続し、

20年以上の歴史をもつ政党ブロックである。一方、その他の政党は、民主党政権の瓦解後に政党とブロックの再編が繰り返され、民主党と維新の党によるブロック、希望の党と維新の会によるブロックなども存在した。それが、2017年の希望の党騒動を経て、枝野幸男議員が立ち上げた立憲民主党が野党第一党になり、現在の立憲民主党を中心とする野党ブロックに至った。

2021年の第49回総選挙を前に、立憲民主党を中心とする野党ブロックの形成が進みつつあり、有権者が国家方針をめぐって投票できる環境が整ってきた。これが、能動的との意味である。似たような国家方針を前提にしつつ、自民党と民主党（民進党）、あるいは維新の会、どの政党がより良くそれを実現できるかという、これまでの総選挙の構図とはまったく異なる。

国家方針が総選挙の争点になることは、有権者が文字どおり、日本の進路を考え、議論し、決める機会になることを意味する。自民・公明の連立政権に対する評価に加え、求める将来の社会像から投票する政党ブロックを選ぶことが必要になる。選択する国家方針が異なれば、当然のことながら到来する未来は異なり、医療や年金などの社会システムが変化し、政策も違ってくる。自分や家族はもとより、これから生まれてくる人たちの人生も変わってくる。

つまり、一人ひとりの有権者が「現在の延長線上にある未来」と「もう一つの未来」を選択できる機会となる。それが、平成の政界再編が始まってから約30年、初めて訪れる。

選択肢となる国家方針は「国家重視・自己責任」と「個人重視・支え合い」

与党ブロックの国家方針は、自助を基本とする自己責任重視の社会を実現することである。この国家方針は、やがて日本国憲法と抵触するため、その改正が必要となり、社会の連帯を維持するため、個人よりも国家を重視した権威主義的な体制を指向することになる。

一方、野党ブロックの国家方針は、公助を基本とする支え合い重視の社会を実現することである。日本国憲法と軌を一にするため、その改正を要さず、社会の多様性を高めるため、国家よりも個人を重視した民主主義的な体制を指向することになる。

実際、自民党の菅首相と立憲民主党の枝野代表は2020年10月の国会で、これらの国家方針をそれぞれ表明した。菅首相は〈私が目指す社会像は、「自助・共助・公助」そして「絆」です。自分でできることは、まず、自分でやってみる。そして、家族、地域で互いに助け合う。その上で、政府がセーフティネットでお守りする〉と演説し、枝野代表は〈政治と行政の力で、お互いさまに支え合う仕組みを作ります。思いもよらない病気やケガ、失業などに直面しても生活が成り立つ。年老いても安心して生活できる。家庭を持ちたい、子どもを産み育てたいと願う方が、その望みを心配することなく叶えることができる。そして、何よりも命を守る〉と演説した。

この国家方針をめぐる対立軸は、歴史的かつ思想的な背景をもち、与党ブロックは新自由主義（経済的大日本主義）で、野党ブロックは社会的共通資本（経済的小日本主義）である。前者は、政府による社会への介入をできる限り小さくし、経済的な価値の最大化を追求する思想である。後者は、政府による社会への適切な介入により、非経済的な価値を含む社会的な価値の最大化を追求する思想である。

この対立軸は、憲法が「個人重視・支え合い」を国家方針として定めていることから、憲法への姿勢の違いと重なる。憲法は13条「個人として尊重される」と25条2項「国は、すべての生活部面について、社会福祉、社会保障及び公衆衛生の向上及び増進に努めなければならない」に代表されるように、個人を重視し、互いに支え合う社会を目指す国家方針を採用している。

一方、戦後社会は、憲法の定める国家方針に沿ってある程度は運営されてきたものの、それに反する運営もしばしば見られた。水俣病などの公害問題はその典型で、被害者たちは個人として尊重されることも、公衆衛生の増進の対象となることも、長らくなかった。それどころか、今でも救済を求める人たちが取り残されている。

以上の整理を踏まえると、次の三通りの国家方針が導かれる。

①経済的価値を最大化するため、個人重視・支え合いを定める憲法を改正し、国家重視・自己責任を名実ともに追求する。

②非経済的価値に配慮しながらも経済的価値を拡大するため、個人重視・支え合いを憲法（タテマエ）として残しつつ、国家重視・自己責任を政策（ホンネ）として追求する。

③社会的価値（経済的価値＋非経済的価値）を最大化するため、これまでの国家重視・自己責任の政策を改め、個人重視・支え合い（憲法の国家方針）を名実ともに追求する。

以上の国家方針のうち、①を採用するのが自民党で、③を採用するのが立憲民主党である。かつての自民党は、②を採用していたが、２０１０年の綱領改正と２０１２年の安倍総裁の誕生によって①に転換した。また、かつての民主党は①～③の議員が雑居し、後継の民進党は②を採用していたが、新しい立憲民主党は③を綱領で示している。

なぜ「国家重視」と「政府縮小」が両立するのか

国家を重視しつつ、政府の役割を縮小する①の国家方針について、矛盾と考える人がいるかもしれない。国家と政府をイコールと考えれば、国家を強化しながら、政府を弱体化させることは矛盾となるからだ。新自由主義については「市場原理主義」と呼ばれることもあり、新自由主義と国家の重視が相いれないと考えてしまうかもしれない。

しかし、それらは矛盾しないどころか、大いに整合的である。実際、国家を重視しつつ、政府を縮小した政権は、チリのピノチェト政権に始まり、イギリスのサッチャー政権、アメリカのレーガン政権、日本の小泉政権と、数多く登場している。これらの政権は、いずれも政府の役割を縮小しつつ、国家の強化を進めてきた。

これは「国家」の対義語が「個人」で、「政府」の対義語が「市場」と考えることで、理解できる。国家の強化とは、民主主義以前からの国家の基本機能（元首や警察力など）を強化することで、議会の役割や思想言論の自由など、相対的に民主主義や個人の社会的自由が制約される。一方、政府を弱体化するとは、人々の生活を支える公共サービス（社会保障や企業活動の規制など）の機能を弱めることで、生活で市場に依存する割合（企業から見ればビジネスチャンス）が拡大する。

新自由主義とは、国家を含むあらゆる力を利用しての経済的価値の追求を是とする思想で、国家を否定する思想ではない。むしろ、経済的価値の最大化のため、国家を積極的に利用する思想といっても過言でない。実際、新自由主義の祖・フリードマンは、チリのピノチェト軍事政権で新自由主義政策を指導した。ピノチェトは、海外資本の国内展開の自由化、国営企業の民営化、農地の大土地所有者への集約、規制廃止を推し進めた一方、国民の困窮化、格差の拡大を放置し、反対する人々を徹底的に弾圧した。弾圧においては、投獄のみならず、思想統制や誘拐、拷問、強制収容所、処刑隊が用いられ、多くの人々が殺されたり、行方不明になったりした。フリードマンとピノチェトの関係について、シカゴ大学で同僚だった宇沢弘文は、次のように回想している。[21]

（1973年9月11日シカゴにて）かつての同僚たちとの集まりに出ていたとき、たまたまチリのアジェンデ大統領（ピノチェトがクーデターで倒した相手）が殺されたという知らせが入った。その席にいた何人かのFriedmanの仲間が、歓声をあげて、喜び合った。私は、そのときの、かれらの悪魔のような顔を忘れることはできない。それは、市場原理主義が世界に輸出され、現在の世界的危機を生み出すことになった決定的な瞬間だった。

国家と新自由主義の関係については、国家主義的な中国すら、新自由主義に含まれるとの指摘がある。新自由主義を批判的に分析するデヴィッド・ハーヴェイは、経済的利益の拡大を国家と企業が一体化して追求する中国の体制を評して、新自由主義的な性格をもつと指摘している。[22]

要するに、①の国家重視・自己責任の国家方針とは、経済的価値の最大化を民主主義や公共サービスよりも上位に置き、国家の活用を含め手段をいとわない方針である。その国家方針によって、経済的価値が最大化するとは限らないが、富裕層の利益が増進することは間違いない。実際、チリに限らず、アメリカ、イギリス、日本など、新自由主義を導入した国々では、富裕層の富が急速に増加する一方、格差が拡大した。

個人重視・支え合いの国家方針における政策

戦前の極端な国家重視・自己責任社会から、戦後は個人重視・支え合いの社会へ転じた。実際のところ、自民党政権は②の中間的な方針を採用してきたが、高度成長に伴う所得の向上や生活必需品の充足、成長の果実としての社会保障システムの構築、公共事業を通じた分配によって、格差は縮小していった。

しかし、1970年代以降の低成長の常態化に対し、自民党政権は新自由主義に基づく経済政策へ徐々に転換し、自己責任の社会を進めてきた。1990年代以降に物心ついた人たちは、経済的に停滞し、自己責任が強調される日本社会しか知らない。

そのため、③の国家方針である個人重視・支え合いの社会は、多くの人々にとって、現状からかけ離れた社会像になりつつある。自己責任社会を所与とし、そのなかで自分や家族が生き残ることを唯一の選択肢としてしまい、国家方針の転換と社会の大きな変革を期待しにくくなっている。

加えて、多くの社会システムが国家重視・自己責任の国家方針に適応しているため、転換に向けて決定的で分かりやすい政策が存在しない。様々な副作用やリスクを和らげつつ、確実に課題を解決しようとすれば、複雑で長期的な効果を引き出す政策を多数組み合わせることになる。画期的な理論や思いつきに基づく政策を気合で実行することは、もっとも避けなければならない。「アベノマスク」の二の舞となる。

そして、日本の現状を踏まえれば、個人重視・支え合いの国家方針に転換する際、政策の自由度は極めて狭くなる。どのような政権であっても、現実にできることは限られている。人口減少、経済の低成長、気候変動など、政策の企画に際しての大きな制約要件があるからだ。これらの「苦い現実」を無視した政策は、百害あって一利なしである。

それでは、新たな政権が誕生し、個人重視・支え合いの国家方針を採用した際、どのような政策を実施することになるのか。以後の5回の論考で明らかにする。

『論座』2021年2月2日掲載を改題・加筆修正

国家方針の転換は、民主主義の再生から始める

個人重視・支え合いの国家方針【政策①】

総選挙で新しい政権が誕生し、現在の国家重視・自己責任の国家方針から、個人重視・支え合いの国家方針に転換した場合、どのような政策を展開すればいいのか。様々なリスクが相互に絡み合って膨張し続けている現状を踏まえれば、その方策について、国会議員を含めて重層的な公論が求められるだろう[23]。

現実的に考えると、新政権の政策的な自由度は極めて狭い。個人重視・支え合いの国家方針に転換するとしても、長年にわたって国家重視・自己責任の国家方針が推進され、とりわけ安倍・菅政権によって加速されてきた。既存の多くの政策や社会システムがそれを前提に修正されているため、白地のキャンバスに絵を描くようには、斬新な政策を展開できない。

郵 便 は が き

お手数ですが
切手をお貼り
ください。

1 0 2 − 0 0 7 2
東京都千代田区飯田橋３－２－５
㈱ 現 代 書 館
「読者通信」係 行

ご購入ありがとうございました。この「読者通信」は
今後の刊行計画の参考とさせていただきたく存じます。

ご購入書店・Web サイト
書店　　都道府県　　市区町村
お名前《ふりがな》
〒 ご住所
TEL
Eメールアドレス
ご購読の新聞・雑誌等　　特になし
よくご覧になる Web サイト　　特になし

上記をすべてご記入いただいた読者の方に、毎月抽選で
５名の方に図書券５００円分をプレゼントいたします。

お買い上げいただいた書籍のタイトル

本書のご感想及び、今後お読みになりたいテーマがありましたらお書きください。

本書をお買い上げになった動機（複数回答可）

1.新聞・雑誌広告（　　　　　　　）　2.書評（　　　　　　）

3.人に勧められて　4.ＳＮＳ　5.小社ＨＰ　6.小社ＤＭ

7.実物を書店で見て　8.テーマに興味　9.著者に興味

10.タイトルに興味　11.資料として

12.その他（　　　　　　　　　　　　　　　　　　　）

ご記入いただいたご感想は「読者のご意見」として、新聞等の広告媒体や小社Twitter 等に匿名でご紹介させていただく場合がございます。
※不可の場合のみ「いいえ」に○を付けてください。　　　　いいえ

小社書籍のご注文について（本を新たにご注文される場合のみ）

●下記の電話や FAX、小社 HP でご注文を承ります。なお、お近くの書店でも取り寄せることが可能です。

TEL：03-3221-1321　FAX：03-3262-5906
http://www.gendaishokan.co.jp/

ご協力ありがとうございました。
なお、ご記入いただいたデータは小社からのご案内やプレゼントをお送りする以外には絶対に使用いたしません。

とりわけ、人口減少、経済の低成長、気候変動という強固で構造的な制約要件が存在する。これらの制約要件は、何らかの特効薬で「パッと解消」できるものでも、身をかがめていれば自ずと去っていくものでもない。真正面から対峙しなければ、人類の存続や日本社会の盛衰を左右しかねない制約である。これら制約要件に伴うリスクを回避しようとすれば、政策の自由度はさらに狭くなる。

そのため、新たな国家方針を具現化する政策を議論したとしても、一定の範囲に収束するだろう。その範囲は国家方針の転換が遅くなるほど狭まっていき、やがて取り得る政策手段がなくなる。そのとき、日本や世界がどうなっているのか、少なくとも人口と気候の将来推計からすれば、幸せな社会でないことだけは疑いない。

厳しい制約要件と様々なリスクの網をかいくぐり、個人重視・支え合いの国家方針を具現化するには、どのような政策を展開すればいいのだろうか。

民主主義を再生するための政策

個人重視・支え合いの社会において、決定的な役割を果たすのは「政府」である。ここでいう政府とは、国の行政府はもちろんのこと、立法府である国会、司法府である裁判所、都道府県や市区町村の地方自治体、それらの活動を支える独立行政法人などの団体を抱合した広義の政府である。

個人重視の視点では、政府が民主主義に基づいて運営され、個人の社会的な自由を擁護する主体となる。個人の社会的な自由を確保するためには、個人以外の主体（政府や企業など）からの自由の侵害を防止するだけでなく、個人間での自由の侵害を調整し、出生・境遇に基づく格差を是正し、すべての人の意欲と能力が発揮できる状態を確保しなければならない。それを担うのが政府であり、どのような方法でその状態を確保するのか、すべての人の参画で合意するのが民主主義である。

支え合いの視点では、政府が人々の間を民主主義に基づいて仲介し、代理人として支える行為（公共サービス）を提供する主体となる。仲介して支える行為を提供するには、どのようにどれくらい提供するのか、その費用や資源をどのように調達するのか、合意を形成しなければならない。

その政府の基礎となるのが、人々からの信頼である。政府が信頼を得ていなければ、個人重視・支え合いの社会は決して実現しない。不透明な運営や不公正な公共サービスが横行していれば、人々は政府を不要と考え、公務員や公共サービスに従事する人々を攻撃し、政府の縮小を求めるようになるからだ。

一方、国家重視・自己責任の社会においては、経済的な価値を最優先する司令塔としての政府が必要になるため、民主主義は必然的に二の次となる。実際、安倍・菅政権では、森友学園、加計学園、自衛隊記録、桜を見る会、検察庁法改正案、菅首相長男の接待など、政府の民主的な統制を骨抜きにする問題が噴出している。チリのピノチェト政権、イギリスのサッチャー政権、アメリカのレーガン政権など、同様に新自由主義を基本とする内外の政権でも、民主主義の後退が問題になってきた。

政府への信頼も重視されない。むしろ、国家重視・自己責任の新自由主義政権は、率先して政府の非効率性を非難し、公務員などを攻撃し、減税を求めて、政権維持の原動力とする。政権の不祥事すら、政府の問題に転嫁しようとする。例えば、菅首相と自民党は、日本学術会議の任命を恣意的に拒否した問題に対し、学術会議のあり方の問題にすり替えている。

そのため、国家方針を転換するならば、政府への信頼を回復するため、民主主義を再生するための政策を最初に講じる必要がある。これを後回しにして、経済政策や社会政策を展開しても、政府を信頼していない人々は、それらを税金のムダと考えてしまう。それどころか、人々に遍く展開する公共サービスと捉えず、新政権の支持者に対する利益供与と考えてしまうかもしれない。実際、2009年に民主党政権が成立した際、民主党の中に、自民党の支持団体を民主党支持に付け替えようとする動きもあった。それによって、日本医師会のように支持政党を一時的に変えた団体もあった。[24]

与党事前審査の廃止

議院内閣制における政権交代とは、国会の多数派が交代することである。正確には、首相の指名で優越する衆議院の多数派が交代し、政権が交代する。政権に対する中間評価的な意味合いをもつ参議院選挙で、政権運営が評価されれば、やがて参議院の多数派も交代することになる。

国会運営のあり方は、憲法と国会法、衆参規則に規定されているものの、多くは先例と合意に委ねられている。国会の先例は慣習を制度化したもので、先例集として衆参それぞれで整理されている。過去の合意を含め、先例を変更するには、議院運営委員会などでの合意が必要となる。

先例と合意については、その時々の国会多数派、すなわち与党が主導権を握ってきた。どれだけ少数派、すなわち野党が抵抗しようとも、議院運営委員会などでの採決にかけられてしまえば、与党の意思が通る。先例と合意については、国会法や衆参規則の解釈も含まれ、実質的には与党の意思で国会運営が可能である。野党の意思を尊重した円満な国会運営を行うか、それとも強引な国会運営を行うか、それは与党の先例と合意への尊重姿勢に左右される。

つまり、政権交代は、より民主的な国会運営に変える機会を意味する。例えば、民主党政権ができた際、当時の野党であった自民党の要求を受け入れ、予算委員会での質疑時間について、野党に手厚く配分することで合意した。それが、自民党政権になって、逆に野党の質疑時間を減らしたことは、大きな問題となった。

さて、国会審議の最大の問題は、与党にとって「消化試合」となっていることにある。教科書的にいうと、国会審議には、議案（法案や予算案など）の課題を指摘すること、より良い議案に修正すること、反対者を含めた広範な合意を形成することが期待されている。けれども、与党議員がこれらの役割を果たすことは、一切ない。与党議員が党幹部から期待されているのは、議案に傷がつかないよう擁護し、一分一秒でも早くそれを成立させることだけである。消化試合とは、国会本来の役割に非協力的なことを批判した言葉だ。

国会審議が与党議員にとって消化試合となるのは、議案の提出前に「事前審査」を行っているためである。事前審査は、国会審議の前に実質的な審議を党の機関で行う自民党の慣習である。具体的に説明すると、議案を国会に提出したい府省は、まず自民党の政務調査会の部会（府省組織に対となって設置されている組織。中堅・若手議員で構成）でそれを説明し、議論を経た後に了承を得る。次に政調審議会（政調の役員会。ベテラン・中堅議員で構成）で了承を得る。最後に、総務会（党の意思決定機関。ベテラン議員で構成）で了承を得る。[25]

自民党政権は、内閣から国会に提出する議案について、閣議決定前の党総務会での決定を要件としている。内閣が国会に提出する議案は、閣議決定しなければならないことから、この要件によって閣議よりも党総務会が優越することになっている。

これを与党議員から見ると、内閣から国会に議案が提出された時点で、審議は終了したことになる。与党議員の要望は議案に反映され、必要な修正も済み、執行のあり方も確認している。国会審議は、憲法と国会法に規定されたやむを得ない儀式、すなわち消化試合となる。

この国会の形骸化は、議案を内閣が提出することに由来する問題でなく、自民党の事前審査に由来する問題である。日本に限らず議院内閣制の国では、国会で審議される議案の大半は内閣から提出され、そのこと自体が審議を形骸化するわけではない。

この形骸化の代表的な例としては、2018年の「働き方改革関連法案」をめぐる審議がある。当時の安倍首相や加藤勝信厚生労働大臣が、質疑に真正面から答えずにはぐらかし、その様子が「ご飯論法」と厳しく批判された。本来ならば、不誠実な答弁は国会に対する侮辱だが、与党議員はこれを擁護した。それは消化試合での出来事だったからである[26]。

もし大臣や府省の幹部が、自民党の部会などで形骸化するような言動をとれば、与党議員から厳しく責められる。実際、1990年代初めの政治改革の議論では、与党の若手議員たちは慎重論に終始する党幹部を激しく吊るし上げた。

国会予備審査の導入

民主主義を再生するには、何よりもこうした国会の形骸化に歯止めをかけなければならない。

自民党の部会は非公開だが、国会の審議は公開されている。国権の最高機関である国会を名実ともに意味のある審議の場としなければ、もっとも重要な政策決定プロセスがブラックボックスのままとなり、政策決定への信頼は向上しない。

よって、新政権の与党では、党の事前審査を廃止し、代わりに国会での予備審査を実施するのが適当である。これは海外の議会で広く用いられている手法で、内閣で検討途中の議案をいったん国会で説明し、議員から質疑や意見を受けて、政府での検討に反映する。

具体的には、衆参合同の委員会で予備審査を行い、それを受けて各党が意見を政府に伝えるようにする。衆参合同で与野党同席の委員会であれば、公開で記録が残り、与野党の情報格差という疑念を払しょくでき、政府も国会対応を効率化できる。質疑は、説明を理解するためのものに限定し、自由に質疑できる代わりに、一定の時間で終える。重要な議案であれば、関係する当事者や専門家の意見を聴く。各党は、党の政策機関で議案への意見を取りまとめ、政府に文書で通知する。内閣は、各党の意見を踏まえて検討を深める［次頁図］。

国会での予備審査を導入するのは、実質的な調整プロセスを水面下に潜らせないためである。議院内閣制では、重大な議案の失敗が内閣の運命に直結しやすいことから、内閣と与党幹部としてはそれを避けようと事前調整を求める。自民党の事前審査もその必要から行われてきた。国会ならば、密室での事前審査・調整でなく、開かれた場での事前審査・調整とすればいい。国会委員会の役割が大きくなれば、委員長や理事、委員の役割も比例して大きくなり、国会の力が

与党事前審査から国会予備審査へ（内閣提出議案）

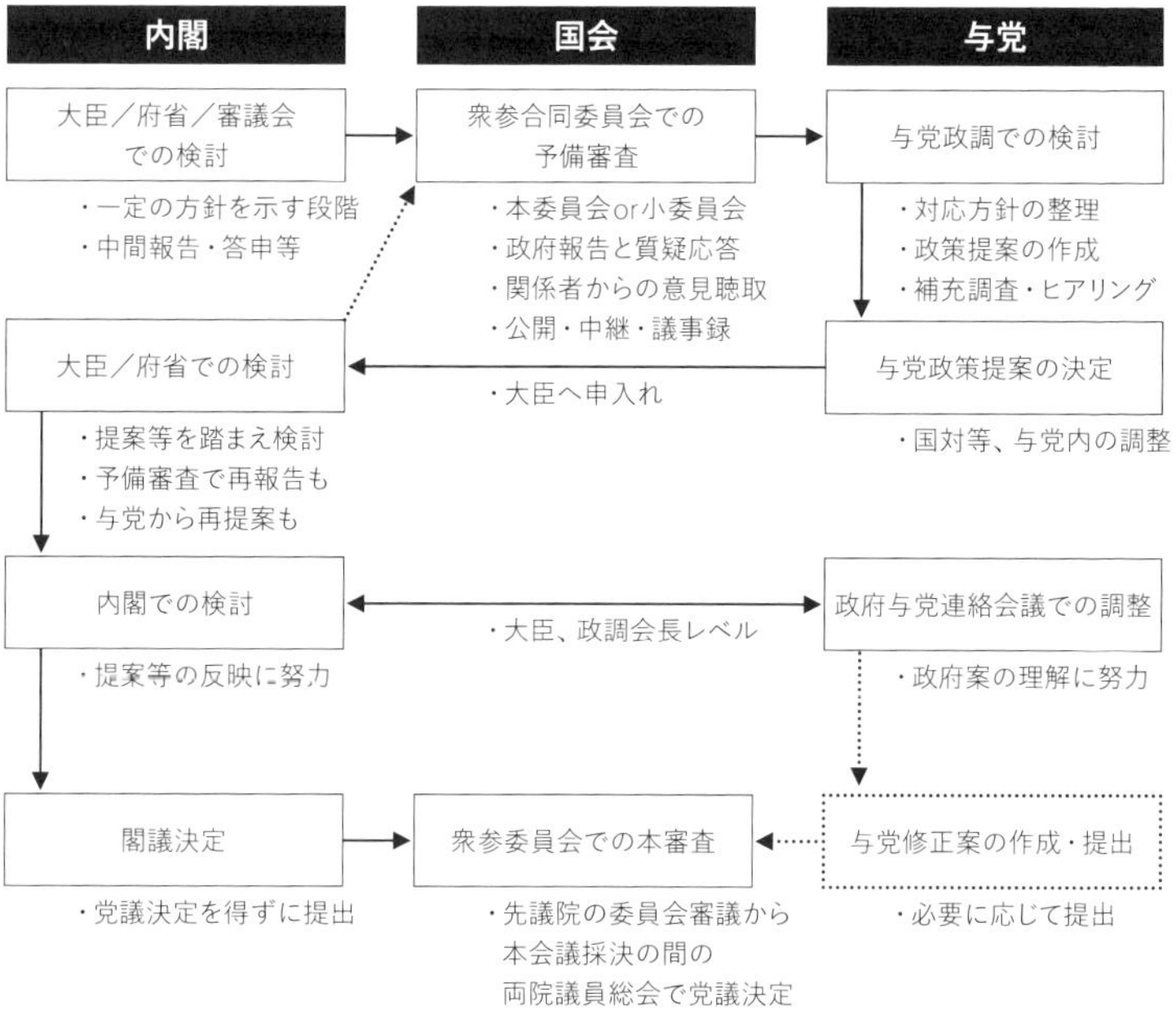

相対的に増す。

内閣は、与党の党議決定を経ずに議案を閣議決定し、与党議員は賛同できない点があれば、議案を国会審議で修正する。予備審査と与野党意見を踏まえて議案が提出されるため、与党との大きな食い違いは考えにくいが、審議などで新たな課題が明らかになれば、与党議員が主導してその点を修正するだろう。

そして、議案への態度について、与野党が国会審議を踏まえて決定すれば、国会審議が重大な意味を持つようになる。内閣と与党幹部は事前の「党議決定」を理由に与党議員の言動を統制しにくくなり、

与党事前審査から国会予備審査へ(議員提出議案)

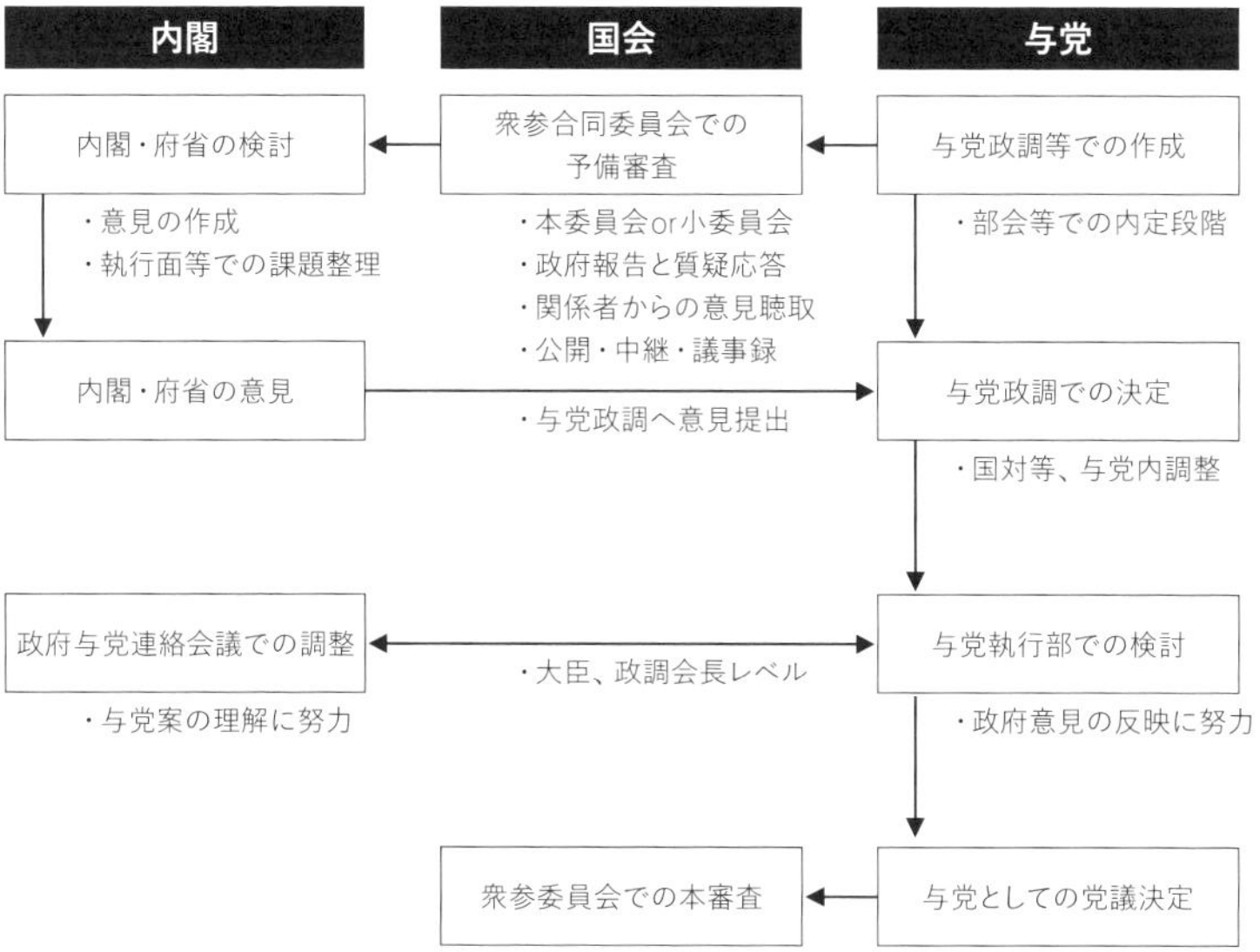

野党議員の意見に同調する議員が出てくるかもしれない。提出議案のスムーズな成立を望むならば、内閣が誠実な答弁によって、根拠と論理を丁寧に説明するしかない。

政治改革・行政改革の総括

安倍・菅政権における民主主義を蔑ろにした諸問題に加え、1970年代にまで遡り、政治と行政の関係について調査し、現在の課題と原因を明らかにする必要がある。そこから振りかえる必要があるのは、新自由主義が各国で採用されてきた遠因が、ニクソンショックとオイルショックを契機とする世界的な経済成長の行き詰まりにあるからだ。日本においても、赤字国債の発行が常態化して「増税なき財政再建」が基本路線となり、国鉄などの三公社民営化に代表される行政改革につながった。公共事業や各種補助金の拡大は、族議員政治の温床となり、政治改革につながった。

これまで行われたトップダウンの改革は、短期間で成果を示しやすい一方、合意形成の欠如や非合理的な決定に陥りやすい。例えば、小泉政権による郵政民営化や鳩山政権による事業仕分けに、少なくとも功罪両面あることは、多くの人が同意するだろう。

そこで、内閣の下に臨時調査会を設け、この間の政治改革・行政改革について、内閣として総括するのが適当である。研究者や法律家、ジャーナリストなどの専門家で組織し、改革の経緯や影響、政官の関係などを洗いざらい調べ、課題を総括して、報告書として公開する。内閣官房に加えて、総務省行政評価局を事務局とすれば、一定の権限をもって政府内の調査ができる。

新政権は、この報告書に基づき、民主主義を強化する政策を講じる。政治と行政をめぐる様々な問題、これまでの改革についての長所と短所、これらの事実と分析を明らかにすることで、制度改革について広範な合意形成のベースとし、合理的な決定を導く。

また、政権発足の直後に、公文書管理と情報公開に関する規定などを改善し、これまでの政権の記録を保全することは欠かせない。残された公文書から事実関係を明らかにできなければ、現職・退職者を問わず、関係者を調査会に招き、ヒアリングすることも必要だろう。犯罪を暴くとの姿勢より、事実関係を明らかにし、教訓とする姿勢が極めて重要である。

そして、行政でなく政治に関することは、衆参議長の下に与野党幹部からなる協議会を設け、オープンなかたちで超党派の合意を形成するのが適当である。とりわけ、政治資金収支報告書のデジタル化やデータベースの全国統一化、1円単位での収入・支出の明示、企業団体献金の完全禁止など、政治とカネをめぐる問題については、河井夫妻の公職選挙法違反事件などを踏まえれば、調査会の報告書を待たず、早急に合意形成する必要があるだろう。政治資金収支報告書のデジタル化も、政治家が社会にデジタル化を求める際の大前提である。

他にも様々な政策が取りうるが、少なくともこれらは民主主義の再生に不可欠である。国会審議の実質性を向上し、議論の前提となる情報を明らかにすることだからだ。まずは、これらを着実に行うことが新政権に求められる。

『論座』2021年2月9日掲載を改題・加筆修正

支え合いの経済政策が日本経済の活路を拓く

個人重視・支え合いの国家方針【政策②】

1973年のオイルショックで高度経済成長が終わって以降、常に景気が経済政策の中心テーマであり続けてきた。バブル経済の最中であっても、地方の景気が問題にされるほどであった。例えば、竹下登内閣によって地域の活性化を目的にした「ふるさと創生1億円事業」が展開されたのは、1988年のバブル経済の絶頂期であった。

これは、人々の生活基盤が景気によって左右される「景気依存社会」と化しているためである。景気依存社会とは、好景気であれば生活が楽になり、不景気であれば生活が苦しくなる社会で、人々が常に好景気を求めざるを得ない社会である。

景気依存社会となっているのは、好景気、すなわち平時を前提にして社会システムが組み立てられているからである。年金や健康保険、失業保険など、万が一の時の社会保障も、その例外でない。好景気が永続し、経済成長と人口増加が続き、国内外の社会に大きな問題が起きなければ、人々の生活を支える社会システムは問題なく機能する。だからこそ、国政選挙の争点で常に景気が上位に位置するように、人々はいつどの政権に対しても景気回復を期待する。

しかし、新型コロナウイルスのパンデミックに伴う経済活動の抑制は、景気依存社会を根底から揺るがしている。人々の生命を守るために人為的に不景気をつくり出す一方、不景気によって生命を脅かされる人々が出てきている。とはいえ、景気の落ち込みを恐れ、強引に経済活動を再開したアメリカでは、それによって再び感染拡大を招いてしまった。日本でも、政府の経済対策をきっかけにした移動の増加が、感染拡大を招いたとの分析が示されている。[27]

定額給付金を始めとした政府の様々な対策も、景気依存社会であることの裏返しである。失業したり、所得を大幅に減らしたりした際、支えとなる社会システムを整えていれば、その予算額や制度を拡充すれば事足り、速やかに支援を提供できる。けれども、日本では多くの場合、ゼロから制度設計して支援せざるを得なかった。審査にかかる時間を省いてでも、当座の資金を速やかに提供する役割の定額給付金ですら、決定から給付まで1~3か月かかった。

国家重視・自己責任の国家方針は、人々の生活基盤に占める市場の割合を高めることで、景気依存を強めてきた。戦前に生活基盤の多くを家族と職場に委ねてきた日本は、戦後の憲法の下で、徐々に公共サービスの占める割合を高めてきた。人々の生活基盤に対するニーズも、経済成長と生活向上に伴って拡大してきた。それによって世界一の長寿国が実現した一方、高度成長の終えんと共に、ニーズの伸びに対して、公共サービスの伸びを抑え、その分を市場に委ねるようになった。いわゆる新自由主義である。

ところが、市場化された生活基盤の脆弱さが、世界金融危機（リーマンショック）やコロナウイルスのパンデミックで明らかになった。それがもっとも必要とされる肝心の不景気や危機の際には、十分に機能しないのである。

要するに、新型コロナウイルスの感染拡大は、景気依存社会とそれを促進してきた国家方針の限界を完全に露呈させた。この限界は、世界金融危機でいったん明らかになったが、その後の救済措置と世界的な金融緩和によって、うやむやにされてきた。それが、感染拡大に伴う人為的な不景気の創出によって、再び明らかにされたのである。

ベーシックサービスで個人消費の潜在力を引き出す

バブル経済の崩壊後、GDPの6割前後を占める個人消費の弱さが常に経済の課題となってきた。1998年の金融危機や2008年の世界金融危機はもちろんのこと、相対的に景気が好調だった時期でも、個人消費の弱さが問題となってきた。例えば、世界金融危機前の2007年の『経済財政白書』は、景気分析において「実感の乏しい景気回復」として家計部門への波及の弱さを問題視した。２０１９年の『経済財政白書』は「良好な雇用・所得環境を背景に消費は持ち直しを続けているが、雇用・所得環境の改善に比べると個人消費の伸びは緩やかにとどまっている」との見解を示した。

これは、国家方針に基づき、生活基盤の市場化を促進してきたことの帰結である。生活基盤の市場化が、一部の人々に過大な利益を生む一方、多数の人々の所得を過少にしたからだ。典型は１９９９年の法改正によって認められた「派遣労働の自由化」で、パソナに代表される人材派遣業界の成長をもたらした一方、賃金の抑制傾向に拍車をかけることとなった。

現在の国家方針に基づく経済政策では、論理的にも現実の結果としても、個人消費の潜在力を引き出せず、経済を安定化できない。高所得層の所得をさらに高めても、その分を消費に回すことはほとんどない。一方、低所得層の所得を高めれば、その大半を生活必需品の消費に回す。現在の経済政策は、この限界消費性向の考え方に反する。

よって、個人重視・支え合いの国家方針に転換することは、日本経済の課題からすると喫緊の要請である。公共によって、人々に遍く生活基盤を提供し、実質的な所得を高めることで、個人消費を引き出せるからだ。

そして、国家方針の転換に伴い、最初に行うべき政策は「ベーシックサービス」の充実となる。ベーシックサービスは、財政学者の井手英策が提唱する概念で、政府（国・自治体）が「人間が人間らしく生きていくために必要となる」「ケア」を公共サービスとして「所得の大小、年齢、性別にかかわりなく普遍的に保障する」社会システムのことである。[28]

具体的には、生存に不可欠なモノ・サービスでありながら、私費で負担したり、市場から購入したりせざるを得ないものについて、公共サービスに置き換えていく政策である。現状については、貧困対策の現場にいる藤田孝典が分かりやすく説明している。

日本では給食費から部活動の用具代、習い事、塾、家庭教師、大学など教育にかかる費用まで、その多くが家族負担、私費負担となっている。／では介護についてはどうか。介護福祉も用意されているが、当然、自己負担はある。特別養護老人ホームの場合、要介護3以上と認定された人しか原則として利用ができなくなった。「介護離職」が話題になるように、家族の誰かが要介護状態になった場合、仕事を辞めたりして収入減に見舞われながら、ケアをせざるを得ない。／住居費もばかにならない。都市部を中心にして、家賃、光熱費などの負担は重い。収入の少ない若年層などは、実家暮らしを強いられている。子どもが成長するにつれて家に引きこもるようになり、ニートと呼ばれる状態になることもあるだろう。／こうしたなかで、日本の社会福祉は、家族によるサービスやケアの提供を中心に組み立てられている。だから、家族への負担が大きいのだ。

これらが個人負担から公共サービスに置き換われれば、多くの人々の生活苦が緩和され、その人々の可処分所得が増加する。低所得の人々はもちろんのこと、中所得の人々であっても、子育てや介護などにおける多額の支出を抑えられる。多くの人々にとって、将来リスクに対する不安も大きく軽減され、生活に必要な消費が抑制されなくなるだろう。

現実的には、学校給食の無償化や高校・大学の学費低減など、子どもたちの将来を左右する切実な分野から、ベーシックサービスの充実を始めるのが適当と考えられる。新たな政権は、これらの政策を講じた上で、公共サービスの質と量を全面的にレビューし、着実にベーシックサービスを拡充していくことが求められる。

さて、ベーシックサービスと似た言葉に「ベーシックインカム」があるが、考え方はまったく異なる。ベーシックサービスが、人々のニーズに対して公共サービスを無料・低額で遍く提供することであるのに対し、ベーシックインカムでは一定の所得を保障した上で、必要なサービスを市場から選択して購入する。後者の場合、保障された所得で必要なサービスを購入せずに散財し、生活が破たんしても自己責任となる。人口の少ない地域では、企業がサービスを提供していないこともあり得る。実際、ベーシックインカムは、新自由主義に親和的な考え方で、新自由主義の有力論者である竹中平蔵も、その導入を主張している。[29]

ベーシックサービスの充実は、個人消費を高位で安定化させる経済政策であると同時に、景気変動に伴うリスクを緩和し、景気依存社会から脱却するための社会政策でもある。市場の資金量や企業の設備投資額に主眼を置く従来の経済政策とはまったく異なる手法であるが、堅実で有効な経済政策である。

アベノミクスで抑制が続く賃金を実質的に高める

経済政策アベノミクスが始まってから、実質賃金は低下を続けている。2012年を100とした指数で、2018年の実質賃金指数は96・44、家計の消費力を示す実質世帯消費動向指数は90・72に落ち込んでいる。その分だけ、人々の生活が苦しくなっている。これは、物価上昇に対して、賃金の上昇が追いつかなかったためである[30]。

そのため、個人消費の潜在力を引き出すには、ベーシックサービスの充実に加え、賃金の上昇が不可欠となる。この賃金の問題も、長らく日本経済の問題で、2007年の『経済財政白書』は「労働需給の引締まりがみられるにもかかわらず伸び悩む賃金」と分析し、2019年の『経済財政白書』も緩やかな賃金上昇が続いているとしつつも「労働需給が引き締まっても時間あたりの賃金が上がりにくくなっている」と指摘している。

一方、マクロ的に実質賃金だけを見ても、現場での賃金の改善が伴っているかどうかは、分かりにくい。実質賃金とは、賃金と物価の関係を見る極めて重要な指標の一方、労働者全体を総合して見るため、個々の状況とは必ずしもリンクしない。賃金が低下した人がいても、他の人々の賃金が上昇すれば、全体としては改善となってしまう。

そのため、新たな国家方針では、マクロの指標を改善して良しとするだけでなく、個々の状況まで改善することが求められる。それによって、人々の生活基盤を支えることに加えて、経済政策として個人消費の潜在力を着実に引き出すことができる。

そこで、賃金の質と量を総合的に見る概念として、ここでは「実質的な賃金」との考え方を用いる。働き手の視点に立てば、賃金はその金額だけでなく、働く時間の長さ、雇用の安定性、職場の環境、仕事の内容、社会保障との関係性など、総合的に測られるからだ。賃金が高かろうと、無意味で役に立たない「ブルシット・ジョブ」は、働く人の尊厳を傷つける。[31]

「実質的な賃金」を高める政策については、明石順平が具体的な提案をしている。明石は、労働問題を専門にする弁護士で、経済財政政策にも精通している。明石の主な提案は次のとおり。[32]

・残業代割増率を基本的に50%とすることでの長時間労働の抑制
・労働時間の不記録と虚偽記録に対するペナルティの創設による労働時間記録の徹底
・残業代不払いの刑罰の上限の大幅な引き上げによる残業代支払いの徹底
・賃金請求権時効を10年に延長することで残業代不払いへの抑止力を強化
・過労死致死傷罪の創設による長時間労働の抑制
・固定残業代の基礎賃金への組み入れによる残業代不払いの脱法行為の防止
・無期転換社員と、もともと無期の社員との待遇差別の禁止による賃金増加

・管理監督者制の廃止による管理職への残業代不払いの防止
・フランチャイズ規制の導入や給特法の廃止、技能実習制度の廃止などの業種ごとの改善
・有給休暇完全取得と勤務間インターバル制度の義務化による休息の確保

以上の他、最低賃金のアップと全国一律化も重要となる。とりわけ、最低賃金の地域間格差は、若者が地方から大都市に流出する要因の一つであり、地方で深刻となっている急速な人口減少を踏まえれば、早急に改善しなければならない課題である。コロナウイルスのパンデミックによる経済的な影響が大きいことから、最低賃金の緩やかな上昇はある程度やむを得ないとしても、全国一律化は着実に進める必要がある。

保育士や介護士、非正規公務員のように、行政が関与できる賃金については、政府が大幅な賃金増を主導できる。その改善を起点にして、消費拡大のサイクルとする観点も重要である。これまでは、行政を含めた公共サービスに従事する人々の賃金を抑制することが多くの政権で是とされてきたが、そこも転換が必要である。

このように、総合的に「実質的な賃金」の上昇を目指すことは、賃金だけに着目するよりも、選択肢を多様にする点で、経営基盤の弱い中小企業にとって相対的に実行しやすくなる。賃金増だけの選択肢であれば、資金繰りなどで容易に実行しにくい企業であっても、これらの選択肢を含めてであれば、労働者を使い捨てにする経営方針でない限り、実行できるものがある。

透明化・公正化・グローバル化で税財政への信頼を回復

人々のニーズの伸びに対し、公共サービスの拡大を抑制し、その分だけ市場の役割を拡大してきたことが、個人消費の弱さをもたらしている。景気悪化に伴って減税したものの、景気が思うように回復せず、税収不足から消費増税に追い込まれてきた。そのため、公共サービスの基盤は常に脆弱で、政権の方針によって左右されやすい状況にある。

そのため、ベーシックサービスの拡大と並行して、その基盤となる税財政に対し、人々の信頼を回復することが急務となる。信頼回復なくして個別の税制を改革しても、人々の意図とは逆に、ベーシックサービスの基盤を弱め、より生活を苦しくしてしまうおそれがある。

税財政の信頼回復において、不可欠となるのは「透明化」「公正化」「グローバル化」である。これらは、いずれの要素が欠けても、信頼回復につながらない。

第一の透明化とは、税財政の歳入・歳出をレビューし、不透明性を解消することである。例えば、租税特別措置による減免について、誰にいくら減免したのか、明示する。租税特別措置の透明化法は存在するが、適用状況の公表は不十分なままである。租税特別措置による税の減免は、実質的な補助金であり、補助金と同様に公開されるべきものだ。歳出については、問題となった中間団体による中抜き問題を始め、1円単位まで誰に支出したのか、明確にする。

税財政の透明化について、経済界・各種業界から反対の声が上がりがちだが、それを突破する迫力が新しい政権に求められる。これによって、自民党政権の支持団体を新政権に付け替えるのではないかとの疑念も払しょくできる。透明化すれば、そのような工作も明らかになってしまうからだ。税財政への信頼回復と同時に、政治改革も兼ねた政策である。

第二の公正化とは、負担能力が等しい人から、等しい額の税を徴収することである。当たり前のように思われるが、残念ながら今の税制はそうなっていない。例えば、同じく5千万円の所得であっても、働いて稼いだ人と、株式投資で稼いだ人では、働いた人の方が負担する税額がはるかに大きい。これは、金融所得が労働所得と分離され、一律20％しか課税されないためである。高額所得者はその大半が金融所得であるため、合算して課税すれば増税となる。

一方、所得税の基礎控除を大幅に引き上げ、生存に必要な最低限の所得については、課税を避けなければならない。基礎控除とは、生存に必要な最低限の所得に課税しない趣旨の控除で、2019年から引き上げられて48万円となっているが、最低限の所得額には程遠い。少なくとも、国民年金や生活扶助の年額並みには引き上げる必要があるだろう。本来であれば、最低賃金で働く人の所得税がゼロとなるよう、最低賃金の年額分に相当する額（180万円程度）を基礎控除することが適当と考えられる。

第三のグローバル化とは、海外と資金をやり取りすることで、税逃れをする高所得者や多国籍企業に徴税の網をかけることである。現在の租税制度は、国境の枠内で経済活動が行われることを前提としており、国境を超えた経済活動は例外として対応してきた。けれども、実際にはモノ・サービスだけでなく、資本や労働力も国境を超えて自由に移動するグローバル経済となっている。加えて、金融産業の発展とデジタル化の進展により、その把握が困難になっている。そのため、国際課税ルールを大幅に見直し、網をかける必要に迫られている。[33]

　これは、既に国際的な課題に急浮上している。アメリカ・バイデン政権のイエレン財務長官は、就任直後から、欧州諸国の財務大臣とデジタル課税の協議を始めている。

　税財政のグローバル化を進めることは、これまでの法人税引き下げ競争から脱却することにもつながる。多国籍企業を呼び込むため、各国が法人税の引き下げを競い、税収を減らしてきた。それが、増税や歳出抑制への圧力になり、税財政への人々の不信感を高めてきた。

　そして、税財政の透明化・公正化・グローバル化は、結果的に税の増収をもたらし、ベーシックサービスの基盤を安定させることになる。これまで税の支払いを求めてこなかった人や企業に、適正な税額を払ってもらうようになるからだ。また、基礎控除の引き上げは、低所得層の生活基盤の安定化に資する上に、潜在的な個人消費を引き出すことにつながる。

　以上のとおり、個人重視・支え合いの国家方針に転換することで、初めて個人消費をテコ入れする経済政策を展開できる。従来の国家方針に抵触する効果的な政策を実行できるからだ。

　よって、個人消費を底堅くする経済政策の観点からも、国家方針の転換が必要となる。

『論座』２０２１年２月16日掲載を改題・加筆修正

分散ネットワーク型社会への投資が日本経済の新しいエンジンとなる

個人重視・支え合いの国家方針【政策③】

現代は「炭素文明」である。太古の地球が地下に蓄えた炭素や鉱物を掘り出し、それを大気に放出したり、加工して最終的に廃棄物としたりすることで、生活と経済の基盤が成り立っている。それは、農林漁業のように、炭素文明の前から続く産業であっても例外でなく、化学肥料やガソリンがなければ何も収穫できない。

炭素文明は、18世紀の産業革命から始まり、生活や経済だけでなく、政治や思想、文化にも決定的な影響を与えてきた。炭素文明の発達は、大量生産・大量輸送・大量消費の社会を実現し、急速な資本蓄積を促して資本主義を隆盛させる一方、過酷な労働や悲惨な公害、資源をめぐる戦争などを引き起こし、社会主義などの対抗思想を生み出した。生活水準の向上によって文化的な活動が広がる一方、消費社会を批判的に捉える文化も広がった。[34]

特に炭素文明は、多国籍巨大企業を頂点とする垂直統合型の産業構造を発展させてきた。垂直統合型の産業構造とは、生産から流通、消費までを単一ないし少数の企業でコントロールするもので、資源やエネルギーを取り扱う産業から発達してきた。リスクの高い複雑なプロセスにおいて、利益を最大化するには、多少のリスクをものともしない巨大な資本で、トップダウンで管理することが必要とされたからである。今やその形態は、それらを扱う国際商社やエネルギー企業のみならず、バナナやコーヒーなどの農林水産業、自動車や家電などの製造業、金融や情報などのサービス産業に至るまで、あらゆる産業分野に広がっている。

国家重視・自己責任の国家方針は、この垂直統合型の産業構造と親和性が高い。炭素文明を支える物資と市場を確保するには、自己の巨大な資本力に加えて、国家の政治力・軍事力・資金力によって支えてもらうのが合理的だからだ。さらに、その国家を自由にコントロールする一方、一般の人々の力でそれを維持してもらえば、自らの利益を極大化できる。人々にも富のおこぼれがトリクルダウンしていく。その考え方を徹底するのが新自由主義である。

この認識を踏まえれば、気候変動の危機に際して温室効果ガス排出量をゼロにするとしても、垂直統合型の産業構造をどうするのか、問わなければならない。すなわち、現在の産業構造を維持したまま温室効果ガスの排出量をゼロにするのか、それとも産業構造の転換を進めるのか。

エネルギー源だけ脱炭素型に変えるのか、脱炭素文明に転換するのか

原子力などを用いれば、垂直統合型の産業構造を維持したまま、エネルギー源だけを脱炭素に切り替えられる。代表的な技術として、原子力と二酸化炭素回収・貯留技術（CCS）がある。CCSとは「発電所や化学工場などから排出された」温室効果ガスを「分離して集め、地中深くに貯留・圧入する」技術である。これらに加えて何らかの「夢の新技術」が開発されれば、産業構造を大きく変えることなく、脱炭素が実現する。[35]

菅政権は、この垂直統合型の産業構造を維持しての脱炭素を目指している。菅首相が所信表明演説で2050年までの温室効果ガス排出量の実質ゼロを宣言してから、経済産業省を中心に導入検討が加速している。実際、2050年の電源に関する経産省の案では、再生可能エネルギーを5～6割とする一方、原子力とCCS併用の火力発電を3～4割、水素・アンモニア発電を1割としている。[36]

一方、再生可能エネルギーだけで脱炭素社会を実現しようとすれば、産業構造を分散ネットワーク型に転換しなければならない。再生可能エネルギーは、個々の設備で見れば天候などによって大きく変動するが、無数のそれらをネットワークで結ぶことで安定化する。エネルギーの需要側が供給の状況に応じて使えば、より安定化する。

分散ネットワーク型の産業構造は、資本の所有者を一部の人々への集中から、多数の人々に

分散させる。再生可能エネルギーに代表される資本（生産手段）は、火力や原子力などの発電所に比べ、圧倒的に安く容易に扱え、個人でも手軽に所有できるからだ。賃貸住宅に住んでいても、他人の屋根を借りて共同でパネルを所有できる市民発電所は、珍しい存在でない。

そして、分散ネットワーク型の産業構造は、個人重視・支え合いの国家方針と親和性が高い。再生可能エネルギーの供給・需要の変動をネットワークで支え合い、個人の資本所有を促進するからである。それに伴い、職を求めて大都市に集中してきた従来の生活の場も、資本の活用を求めて地方に分散することを可能とする。

要するに、炭素文明を維持したままエネルギー源だけ脱炭素にするのか、それとも脱炭素文明に転換するのかが、国家方針の選択とセットになっている。従来の国家方針のまま、再生可能エネルギー100％社会が実現することは、論理的にも政治的にも経済的にもあり得ない。

分散ネットワーク型社会への投資が経済をけん引する

再生可能エネルギー100％の分散ネットワーク型社会に転換することは、割のいい確実な投資である。多くの人々は、再生可能エネルギーや気候変動対策などに対して、負担と考えているだろう。けれども、実際には「ローリスク・ハイリターン」の投資である。

投資収益の直接的な源は、化石燃料の輸入代金と原子力のリスク費用である。1990年代、

5兆円から8兆円の間で安定的に推移していた日本の化石燃料の輸入総額は、21世紀に入って国際石油価格が上昇傾向に転じたことを受け、2008年には27・6兆円に達した。国際石油価格は、その後も乱高下しつつ上昇傾向を続けている。2013年、2014年には、再び2008年と同等の輸入額となった。原子力は、福島原発事故を受けて安全対策と保険のリスク費用が大幅に上昇し、政府の支援がなければ維持困難になりつつある。[37]

再生可能エネルギーへの投資は、これらのコストとリスクを削減し、国内での収益として返ってくる。これを法的に担保したのが、2012年から導入された固定価格買取制度である。しかも、再生可能エネルギーの導入費用は、固定価格買取制度による普及によって、大幅に低下し、市場競争力を持ちつつあり、少なくとも原子力より安くなった。また、化石燃料の場合、油田やガス田、鉱山を所有している海外の富裕層が収益の多くを最終的に手にする一方、再生可能エネルギーの場合、国内の設置者が収益を手にする。

しかし、経産省は、再生可能エネルギーの普及に消極的で、市場の健全な発展を促してこなかった。例えば、一部の地域で大規模太陽光発電や風力発電をめぐるトラブルが発生しているが、これに対する政府の対応は遅く、固定価格買取制度を利用する設備の情報公開ですら、自治体からの強い要求を受けて、やっと不十分な形で行われるようになった。固定価格買取制度の施行に合わせて、設備認定に際した地域トラブルを防ぐためのルールやゾーニングの準備がなされるべきだったが、経産省は専門家やNGOなどからのそうした提案を受け入れなかった。[38]

加えて、経産省の再生可能エネルギーに対する姿勢は、垂直統合型に近い大規模設備を重視し、地域と調和した小規模設備を軽視してきた。再生可能エネルギーの価格低下を促すためといわれるが、結果的にトラブルを放置し、再生可能エネルギーへの反感を強めてしまった。

よって、新たな国家方針では、まず地域と調和し、地域の人々による設備の所有を促す再生可能エネルギー政策に転換する必要がある。再生可能エネルギー事業の特徴は、雇用をそれほど生まないものの、事業所得を多く生むことにある。よって、地域の人々が所有し、長期にわたって経営し、設備投資に際して地域金融機関が融資する「地域主導型」を促進することで、収益が地域に分配される。

次に、送電網に投資し、再生可能エネルギーに適合したシステムへ近代化する必要がある。現在の送電網は、大規模な発電所から消費地に向けて、一方通行で供給することを前提にしている。これを無数の再生可能エネルギー設備から無数の消費地に双方向的にやり取りするシステムにしなければならない。また、その複雑なやり取りをコントロールするには、現在のアナログな需給調整システムと市場を徹底的にデジタル化しなければならない。

そして、これらの政策を推進するに際しては、基幹インフラとなる送電網を公共のコントロール下に置く、発送電の完全分離が必要となる。東京電力などの一般電気事業者は、グループ企業として各発電所と送電網、小売ネットワークを持ち、数多の再生可能エネルギー設備を含む他の発電事業者や新電力事業者に対して、圧倒的な優位に立っている。すべての事業者が使う送電網を地域で独占し、そこからの収益で他の部門の収益を補える。それによって、火力や原子力も維持でき、ダンピングで新電力をしのぐこともできる。何より、送電網に投資して、他社や個人所有の再生可能エネルギーの利益を拡大するのは、経営上の矛盾となる。

こうした再生可能エネルギー100%社会に向けた政策提案は、多くの研究者やシンクタンク、NGOからなされており、新政権はこれらの知見を活用できる。[39]

分散ネットワーク型社会への投資は人口減少社会へのインフラ投資と同じ

分散ネットワーク型社会への転換には、再生可能エネルギーの導入拡大だけでなく、地域のインフラを全面的に構築し直す大規模な投資が必要になる。地域のインフラは、道路、公共交通、エネルギー、水道、住宅、民間ビル、公共施設、防災設備など多岐にわたる。

偶然にも、人口増加を前提としている既存のインフラは、人口減少社会に適合しておらず、抜本的な見直しを余儀なくされている。人口増加期には、増える人口と企業に合わせて都市をひたすら拡大していくインフラ整備が求められた。こうして人口増加期に広がった都市は、今や虫食い状態で人や企業が減っている。そのため、人口増加期と同様にインフラ整備を進めれば、一人当たりのインフラ量が増加するにつれ、それを維持することが困難になる。

人口減少社会では、インフラの質に投資し、できるだけ多くの人々でそれをシェアすることが重要となる。インフラの質を高め、維持することは、生活の質を確保することと同義であるが、費用が高くては元も子もない。インフラの質の高さと費用の低さを両立するには、長期にわたって維持するインフラを特定し、多くの人々で共有できるよう、都市の構造や居住地を徐々に変化させることが求められる。ドイツでは、こうした都市形成のあり方を「ショートウェイシティ（移動距離の短いまち）」と呼び、都市計画の方針に広く組み込んでいる。[40]

そのためには、量の整備を中心にしてきた公共事業や民間投資の中身を変え、質の整備を中心にする必要がある。具体的には、可住地と都市の拡大を追求してきた道路や治水、治山などの整備に代えて、人々が共用する公共交通や長期にわたって使われる建物の整備、各種インフラの計画的な作り替えに投資していく。現在の建築技術であれば、地震と湿気に見舞われる日本であっても、１００年単位で使える建物を建てられる。戦後の人口急増期は、戦争の被害と農山村から都市への人口移動もあって、建物には質よりも、量と速さが求められた。

こうした投資は、農山村を切り捨てることを意味しないどころか、農山村の集落を今後も維持することに資する。多くの農山村は、自動車に適したインフラ整備に伴って集落の範囲が徒歩圏以上に拡大した結果、高齢者の生活に厳しい環境となっている。農林水産省の研究所は、食料品購入のアクセスに困難をきたしている人が、２０１５年の推計で８２５万人いると報告している。そのため、徒歩圏内に集落を再び形成し直し、食料品店やバスなどを利用しやすくすることで、集落に住み続けられるようになる。[41]

自動運転車が実用化されれば、ますます質の高いインフラを多くの人々でシェアするまちづくりが重要となる。自動運転車は個人所有でなく、もっぱらシェア利用されることが想定されているからだ。その最大のメリットは、運転中に居眠りできることでなく、乗りたい時にだけ、近くの自動運転車を呼び寄せ、目的地で乗り捨てられる点にある。いわば無人タクシーとしての利用である。東京の中心部ではいつでもタクシーに乗れるように、安く気軽に使うには、多くの人々でシェアするのが適当である。薄い人口密度で広がった地方都市・農山村では、タクシーを呼んでもなかなか来ないように、自動運転車のメリットを安価で享受しにくい。

そして、これら人口減少社会に対応するインフラ投資は、再生可能エネルギー100％の分散ネットワーク型社会への投資と重なる。再生可能エネルギー設備の導入を最小限にするには、エネルギー効率を徹底的に高める必要があり、断熱性の高い建物や自動車に依存しない街区がインフラとして必要とされる。食料品や日用品を売る商店や公共交通、診療所などが徒歩圏内にあれば、多くの人は徒歩中心の生活となる。自転車利用のインフラを整備すれば、さらに自動車を利用する人は減少する。一方、子どもや高齢者のいる世帯では、自動車利用が引き続きできる。

このように、生活の質の高さとエネルギー効率の高さを両立できれば、多くの人々が好んで分散居住できるようになり、地域も活性化する。海外に流出するエネルギー代金が減少し、その分が地域に再投資され、より暮らしやすい地域になるからだ。過密でも過疎でもない地域で、安定した暮らしをすることは、多くの人々が望むことだろう。

DXとSXを同時に実現する市場改革

DX（デジタル・トランスフォーメーション）とSX（サスティナブル・トランスフォーメーション）が一体不可分であることは、エネルギー政策に精通する人を除けば、あまり知られていない。DXとはデジタル技術を活用し、組織やビジネスモデルを革新することである。一方、SXとは持続可能な社会に向けて、社会やインフラを革新することである。前述した自動運転車の例は、自動車に過度な依存をしない地域をつくることも意味し、DXとSX一体化の例である。

再生可能エネルギーの大量導入に際しては、デジタル技術を活用した新産業が不可欠となる。大量導入では、天候による供給変動と生活・経済による需要変動を一致させることが決定的に重要となる。主たる方法は、リアルタイムで変動する市場を通じて、デジタル技術を活用して瞬時に最適解を見出すことである。欧州では、VPP（ヴァーチャル・パワープラント）と呼ばれる事業者が多く生まれ、需給調整の代行を通じて事業を拡大している。[42]

DXとSXを一体化した新産業には、適切な規制による公正な市場が必要となる。逆に、規制緩和による弱肉強食の自由競争では生まれない。現在の市場において価格に含まれない「外部不経済」を価格に内部化することで創出される産業だからだ。あるいは、大手電力会社がアナログ技術で運用しているエネルギーシステムについて、デジタル技術で運用する新規参入者を呼び込むことだからだ。

その前提となるのが、発送電の完全分離とカーボンプライシングである。カーボンプライシングとは、炭素の価格付けという意味で、温室効果ガス排出に際して、環境負荷のコストを追加で支払ってもらう仕組みのことである。代表的な政策は、環境税と排出量取引制度である。前者は、温室効果ガスの排出1トン当たり一定の税額を課すもので、環境負荷の大きい製品・サービスほど値段が高くなる。後者は、発電所や事業所ごとに温室効果ガスの排出上限を設け、それを超えた場合、罰金を払う代わりに、上限よりも少ない排出で済んだ事業所に一定金額を払う。排出削減に努力した事業所ほど利益を得ることで、排出抑制を促す。

意外なところでは、建物の断熱性を規制することも、DXとSXの一体化に資する。高い断熱性の建物では、わずかな冷暖房で室温を維持でき、真冬の北海道でも数時間くらいならば止めても大きく変化しない。デジタル化されたエネルギー市場が存在すれば、エネルギー価格の高い時間に冷暖房を止め、電気代を節約できる。VPPと契約していれば、AI(人工知能)が室温とエネルギー価格の兼ね合いで自動調節する。ちなみに、安倍・菅政権は、2020年度までに導入すると閣議決定していた住宅の断熱義務化について、景気への影響と住宅業界に配慮して先送りしてしまった。

つまり、新しい市場を構築し、新しい産業を創出するには、経済界や業界から距離を置く政権でなければできない。経済団体や業界団体は、既存産業の代弁者であり、新産業の参入を阻むことがしばしば利益となるからである。とりわけ、電力のように国と業界が一体となって政策推進してきた分野では、新市場の創出は極めて難しい。実際、安倍政権は、発送電の完全分離を断念する一方、大手の一般電気事業者を実質的に優遇する「容量市場」を導入し、SXを抑制してきた。

DXとSXを一体的に進め、適切な規制に基づく公正な市場を整備することで、利益を最大化したい企業や人々の欲望を強引に抑えずとも、社会的価値を最大化できる。そうした市場で儲けたければ、環境負荷や人権侵害などの外部不経済を徹底的に抑制し、むしろ社会的価値を追求しなければならない。

それは、新しく価値ある産業と仕事を生み出すことであり、個人重視・支え合いの国家方針でなければできない。社会を持続可能にし、人々の幸せを増進する仕事は、もちろん「ブルシット・ジョブ（クソどうでもいい仕事）」でない。「グリーン・グッド・ジョブ（持続可能な社会に資する意義ある仕事）」である。

持続可能な社会と新たな産業の発展のためにも、国家方針の転換が求められている。

『論座』2021年2月23日掲載を改題・加筆修正

国家方針の転換が「生きづらさ」を緩和する

個人重視・支え合いの国家方針【政策④】

日本は、他のいわゆる「先進国」と比較し、多くの人々があまり幸福と感じていない社会である。国連の関係団体による幸福度の調査で、日本の幸福度は153か国中、62位であった。これは、専門家グループが複数の指標について各国を比較したもので、各国の改善状況を見ている。[43]

幸福の観点からすると、日本の大きな課題は社会にある。この報告で、経済や制度、健康においては、1位のフィンランドと62位の日本を比較しても、ほぼ同じである。大きな差が出ているのは、寛容さや日々の充実などの社会に関する要素である。要素の多くがアンケートによる主観によって導かれ、文化などによっても左右されるため、報告の順位は絶対的でない。それでも、経済力や寿命が同じような国々と比較することで、課題の一端が見えてくる。

こうした日本の人々の幸福感や自己肯定感の低さは、しばしば指摘される。例えば、ユニセフ（国連児童基金）「子どもの幸福度」報告でも、日本の順位は健康面でトップであるが、精神面で最低レベルとなっている。これらの指摘は、多くの人々の実感にも沿っているのではなかろうか。[44]

国家方針がもたらす人々の「生きづらさ」

人々の幸福感の低さは「生きづらさ」という言葉に置き換えられる。固定観念の鋳型に自らを押し込んだり、様々な場面でハラスメントに遭遇したり、自分や家族の将来に対して不安を抱いたり、いわゆる「ガラスの天井」に人生を阻まれたり、信頼できる人が身近にいなかったりと、それぞれ異なる状況であるにしても、何らかの生きづらさを抱えている人が多いと考えられる。

生きづらさの原因は、個人的な理由の場合もあるが、国家方針に由来する面は少なくとも社会の問題となる。そうした生きづらさは、原因を本人や家族に求めても、個人レベルでは解決できない。人々が協力して国家方針を転換し、社会の課題として解決しなければならない。

現在の国家方針は、国家方針に資すると見なせば、個人の抑圧を是認する。例えば、安倍政権は、時間外労働の上限規制などの労働規制の強化と抱き合わせで、労働規制の不適用を可能とする高度プロフェッショナル制度を導入した。制度は、より多くの経済的価値が追求できる労働制度として、日本経済団体連合会がかねてから要望していたものである。制度によって経済的価値が拡大するかどうかは、実際のところ根拠不明だが、少なくとも経済界はそのように見ていた。当然ながら、労働規制が適用されなくなれば、個人の権利は抑圧されやすくなる。

また、自民党の政治家はしばしば、経済的に役立たないと見なす存在を軽視する発言を繰返してきた。例えば、麻生太郎副総理は2018年5月に「殺人とか強制わいせつとは違う。セクハラ罪という罪はない」とセクハラをした財務事務次官（経済政策に関する重要官職）を擁護し、杉田水脈議員は2018年7月に「彼ら彼女らは子供を作らない、つまり生産性がない」とLGBTの人々を公的に支援する必要はないと述べ、根本匠厚生労働大臣は2019年6月に「女性にハイヒール・パンプスの着用を指示する、義務づける。これは、社会通念に照らして業務上必要かつ相当な範囲」と経済的価値の追求を優先させるべきとの認識を示した。

社会システムに起因する「生きづらさ」を解消する

国家方針を個人重視・支え合いに転換すれば、まず国家方針で是認されてきた抑圧を認める理由がなくなる。全体の利益のために、様々な社会システムにおける個人の抑圧を認めることは、憲法の認めるところでないが、自民党政権は、タテマエとしての憲法とホンネとしての政策を両立させて、それらを温存してきた。憲法改正を積極的に目指した安倍政権では、抑圧に声をあげる人たちに対し、政権を支持する文化人から「反日」との非難が浴びせられてきた。国家方針の変更は、それらの足場を取り去る。

しかし、政権交代で国家方針が転換しても、多くの抑圧が社会システムに組み込まれているため、自動的には解消されない。抑圧を組み込んだ社会システムは、学校での理不尽な校則から、世帯単位で提供される社会保障まで、目につきやすいものから、当事者でなければ分からないものまで、社会のあちこちに存在する。

そこで、新たな国家方針を採用した政権は、あらゆる社会システムを徹底的にレビューし、それらを順次、是正することが求められる。それは、社会システムに起因する人々の生きづらさを解消することと同時に、国家よりも個人を重視する国家方針を具現化することでもある。閣僚と専門家からなる機関を首相直轄で置き、レビューと改善を順次進めるのが適当だろう。

社会システムでも、法改正を要さないものは、内閣の判断で是正できる。例えば、生活保護に際して、行政が当事者の承諾を得ずに「扶養照会」することが、申請を強くためらわせる要因になっているとの指摘があり、こうした慣習は内閣の決定で廃止できる。扶養照会とは、当事者の親族に援助の可否を尋ねるもので、何らかの理由で親族との連絡を絶っている当事者が、親族に現況を知られたくないとの理由で、生活保護の申請（生活の立て直し）を拒む要因となっている。[45]

法改正を要するものでも、選択的夫婦別姓制度の導入など、既に十分な議論が重ねられている抑圧解消策については、早期に国会提出できる。政権交代の直後は、衆議院の議員構成が変化しているだけで、従来の構成のままの参議院で法案が否決されるだろうが、それでも国会で法案を審議すること自体に意味がある。国会で議論することで、社会での議論もさらに活発となり、多くの人々が社会システムの抑圧と向き合い、その結果が次の国政選挙に反映される。

内閣や国会の政策決定プロセスで、様々な当事者からヒアリングすることも大切となる。政策決定プロセスにおいて、当事者の声を聴くこと自体に意味があるからだ。そのためには、内閣として公募を含めた当事者からのヒアリングを審議会に課すこと、与党として国会審議での多人数の参考人招致を求めることなどが考えられる。

加えて、閣僚や官僚に対し、内閣が注意喚起と研修、是正を主導する必要がある。なぜならば、日々の対外的な言動や政策決定プロセスにおいて、抑圧を何気なく助長してしまう恐れがあるからだ。例えば、ジェンダーについては十分な知見をもって配慮しても、障がいについて十分な知見を有していなかったりするなど、偏りがしばしば起こりえる。

これらによって、多様な人々・視点の意見が社会システムと政策決定プロセスに反映され、生きづらさは緩和されていく。アメリカと異なり、日本は議院内閣制のため、国会議員の構成が多様でなければ閣僚自身の多様化は容易でないものの、工夫によって多様性の反映はできる。

新政権には、このようにして社会システムに起因する生きづらさを解消していく責務がある。

知識・技能の習得を自己責任から社会責任へ

社会で求められる知識・技能を含め、生きていくために必要な知見は、自己責任で修得することとされてきた。どんな学校に入り、どんな就職先を選び、どんな人生になるかは、自らの努力と責任で選択するものとの考えである。それが「貧しいのは本人の責任」「努力しなかった本人が悪い」という考え方につながり、生きづらさの問題にも直結してきた。高学歴・高収入の人々ほどそうした考え方を強く有しているとの指摘もある[46]。

実際には、家庭や地域の状況によって進学が左右されたり、技術や需要の変化によって技能が陳腐化したりする。低所得の家庭やケアの必要な家族のいる家庭に生まれれば、進学を諦めることになるかもしれない。努力して進学し、専門的な知識・技能を身につけて就職しても、石炭火力発電所や原子力発電所のように、職場が縮小傾向となることもある。一方、厳しい意見に耳を傾ける努力すらせずとも、首相の孫として生まれただけで、国会議員になるレールが敷かれ、首相になる人がいる。より一般的なケースとしては、大学が東京都と京都府に集中しているため、そこから遠方の地域に住んでいるだけで、大学進学が相対的に不利となる。

さらに、数世紀にわたって発展してきた炭素文明が転換期を迎え、求められる知識・技能の変化が早くなっているため、陳腐化のリスクが一般化している。子ども・若者のときに学び、それ以降は学ばずに働くという従来のあり方が通用しなくなってきている。働き始めてから学ぶことが一層求められ、職位が高くなるほど学ぶことが決定的に重要となっている。それも表面的な学びでなく、より深く考え、より広く洞察する根源的な学びが重要となっている。

こうした知識・技能を取り巻く変化は、知識社会・経済への変化といわれる。炭素文明後の新たな文明の呼び名は論者によって百家争鳴であるものの、知識が重視される社会・経済の方向に変化していくことは概ね一致している。[47]

日本の社会と経済の全般にわたる課題として、知識社会・経済への不適応がある。多くの企業や組織において、トップの思いつきや既存のルール、過去からの前例を根本から問わないことが横行しているため、新たな知見を修得し、言動を変化させずに済むためである。[48]

そのなかで、知見の修得を自己責任としている現状は、個人にとっても社会にとっても限界に達している。中長期的に求められる知見が不透明であるにもかかわらず、子ども・若者時代に選択した知見に一生をかけることは、人生の不安定さとして個人のリスクとなり、求められる知見を有する人の不足として社会のリスクとなる。とりわけ、個人のリスクは失業に直結し、所得と自己肯定感の両方を同時に失ってしまいがちだ。

そのため、国家方針の転換に伴って、知見の修得を社会責任に転換し、必要に応じていつでも学べる社会システムを構築する必要がある。従来、学びの社会システムは最低限を公共サービスとして提供する他、市場に任せてきた。それを公共サービスとしての社会システムとして包含し、どの人生ステージであっても、仕事や生活に大きな影響を与えず、学べるようにする。

第一に必要なことは、教育・研究に関する既存の社会システムを改善・拡充することである。教育予算を拡充して小中高の教員たちが教務に専念できるようにし、基礎研究費を増額して大学の教員たちが教育と研究を両立できるようにし、学費・給食費の負担を減らして児童・学生たちが学びに集中できるようにし、司書や学芸員などの待遇を改善して市民の学びをより支援するなど、既存システムの課題を解決する。

第二に必要なことは、これまで主として私的領域と見なされてきた職業教育について、公共の役割を拡大することである。従来、一部の基礎的な職業教育を除けば、大半の職業教育を企業が担ってきた。一方、そうした教育は普遍性に乏しく、多くはその企業のみで通用するものであったため、失業や転職において、身につけた技能を認められないことがある。それは、不合理な取り扱いを企業から受けた際、転退職を思いとどまらせる方向で作用し、結果として企業の横暴な振る舞いを増長してきた。また、企業に職業教育を委ねることは、相対的に大企業の従業員を有利に、中小零細企業の従業員を不利にしてきた。それは、中小零細企業の生産性を抑えることにつながってきた。

特に必要とされるのは、積極的労働市場政策の大幅な拡充である。これは、就職や転職に必要となる技能を身につける費用・機会を公共サービスとして整え、その間の生活費を公費・失業保険で賄う制度を核とする。技能を身につける機会には、最先端の高度な技能や国家資格、大学での教育が含まれ、人々が低技能・低賃金の職から高技能・高賃金の職に移ることを容易にする。日本はこの分野の公的支出が極めて低く、OECD（経済協力開発機構）諸国で2016年の実績を比較すると、対GDP比で0・08％であった。イギリス（0・03％）とアメリカ（0・09％）に並ぶ低さで、この政策を重視しているデンマーク（1・66％）やフランス（0・76％）、ドイツ（0・26％）と大きな開きがある。[49]

社会保障システムを立て直す国民的な合意形成

人々の生きづらさを緩和するには、社会保障システムの拡充が不可欠となる。ここでいう社会保障システムとは、年金や医療保険、介護保険、生活保護、雇用保険、最低賃金などの中核的な制度に加え、個々の状況に合わせて伴走して支援する機能や声をあげられない人を見つけ出す機能など、広い意味で用いている。

社会保障システムを拡充し、確実に機能させることは、人生におけるリスクを低下させ、生きづらい状況での受援を容易にする。従来の国家方針では重視されず、むしろ社会の負担として見なされてきたが、新たな国家方針では前述のとおり、経済政策としても最重要となる。

さて、現行の社会保障システムは、人口増加と経済成長を前提として構築されたという、根本的な欠陥を有する。現実の人口減少と低成長に合わせ、年金のマクロ経済スライドのように、様々な手直しはされてきたが、たいていの場合はシステムの機能縮小をもたらし、生きづらさを増してきた。

そのため、可能な限りのシステム改善・拡充と並行して、人口減少と経済の低成長を前提としたシステムに根本から再構築することが急務となっている。少なくとも、今後70～80年の人口急減は確実な将来であり、現行システムを前提とする限り、一層の機能縮小が避けられない。

一方、社会保障システムの抜本的な再構築は、多くの人々の人生に影響を及ぼし、企業経営の見通しを変更し、政権交代で変更されるリスクもあって、極めて困難な課題である。とりわけ、政権交代が起きるたびに大きな制度変更がされるリスクは、政治の責任で回避しなければならない。人々の将来設計を損なってしまうからだ。

よって、抜本的な再構築は、長い時間をかけ、様々な立場の人々の意見を丁寧に聴き、与野党の超党派で合意を形成しなければならない。これまでのように、主な団体の代表や有識者、文化人を集めた審議会のような場で検討し、1～2年の短期で結論を出すのは適当でない。ましてや、社会保障システムを「お荷物」のように考えている従来の国家方針の政権では、どうやっても人々からの信頼は得られない。切り捨ての結論ありきと思われるからだ。

まず、大臣ら政府高官、与野党幹部、団体代表、専門家などのステークホルダーで構成する協議会を設ける。政府与党だけでなく、野党幹部を入れることで、政権交代しても制度が大きく変わらないようにする。団体代表としては、地方、経済、労働、消費者、医療、福祉、法律などの主たる団体を網羅し、各団体での議論につなげてもらう。専門家についても、日本学術会議を通じて関係学会から出すことを基本とし、学界での議論とリンクさせる。

次に、内閣が現状と将来予測のデータに基づく社会保障システムへの影響を客観的に整理し、協議会で公表する。この段階では「こうすべき」との改善策を一切示さないことが重要となる。結論ありきの議論を避けるには、課題と解決策を分離して議論しなければならない。

それから、内閣がこの影響を説明し、協議会が社会保障システムに対する人々の不満や不安、悩みを聴くための公聴会を各地で開催する。公聴会は、各都道府県の下に位置する広域圏・都市圏で、少なくとも1回以上開催し、公募の公述人を含め、できる限り多くの人々の声を聴く。重要なことは、協議会メンバーが人々の不満などを直接に聴くことである。

協議会が1～2年かけて人々の不満などを聴いた後、メンバー間で論点を整理していく。論点については、大小関係なく、広範に示すことが重要となる。思わぬ課題が隠れていることもある。この段階では、シナリオや解決策を議論しないことも重要となる。解決策がないとの理由で、論点を隠してしまわないためである。この作業にも1年程度かかるだろう。

論点整理後は、各地で公聴会を再び開催する。協議会として論点を説明し、それに対する意見を丁寧に聴いていく。前回と同様に、全国各地で多数の意見を聴くことが重要となる。

論点に対する意見聴取の後、それらを踏まえて複数の案を協議会で検討する。その過程で、年金、医療、介護、子育て、失業その他の分野、すべてを包括する社会保障システムの案を3～5程度まで絞りこんでいく。社会保険料や国費など財源のあり方も案のパッケージとする。それぞれの案のメリットとデメリットを分かりやすく示すことがポイントとなる。

その後、三度目の公聴会を全国で開催し、協議会が複数案を説明して、意見を求める。これも協議会メンバーが直接に意見を聴くことが重要となる。

そして、協議会で最終的な案を検討し、内閣に答申し、内閣はそれに基づいて法案を作成し、国会に提出する。おそらく、検討開始から制度導入まで10年はかかると思われる。法案は様々な法令の改正を含み、複雑で多岐にわたるだろう。

この合意形成では、与野党や団体代表などの主たるステークホルダーが責任主体となる。意見を一方的に述べる立場でなく、人々の意見を共同して聴き、検討する主体である。それによって、ポジショントークを困難にし、合意の努力を促す。こうした合意形成が待たれる。

以上のように、国家方針を転換したとしても、生きづらさを助長している社会システムの変革は容易でない。それどころか、一発逆転の策は存在せず、気の遠くなるような地道な取り組みを重ねなければならない。そのことを認識するのが、最初のハードルかもしれない。

それでも、国家方針を転換しなければ、社会システムに起因する生きづらさは増す一方である。

『論座』２０２１年3月2日掲載を改題・加筆修正

国際政治のパラダイム転換に対応する外交・安全保障政策

個人重視・支え合いの国家方針【政策⑤】

これまで絶対視されてきた軍事力に基づく安全保障は、現実の大きな変動によって、急速に相対化されつつある。20世紀までの世界と異なり、絶対的な軍事力を有していても、絶対的な安全保障を得られないからである。実際、アメリカは核兵器を含む世界最強の軍事力を有しているが、民間航空機をハイジャックしたテロリストの攻撃を抑止できず、世界経済に大打撃を与えた金融危機の震源地となり、朝鮮民主主義人民共和国（北朝鮮）から核兵器開発の挑戦を受け、中南米からの移民に怯え、ハリケーンや山火事、大雪などの気候災害に襲われ、新型コロナウイルスのパンデミックで第二次世界大戦を超える死者を出した。それどころか、政治の中枢である連邦議会議事堂が、副大統領や下院議長の殺害を叫ぶ暴徒に一時占拠されてしまった。いずれも安全保障上の重大脅威である。

戦争・紛争の要因だけを見ても、従来の領土拡大や資源獲得によるものだけでなく、軍事政権と民主勢力との内戦、少数民族の迫害、食料危機に端を発した混乱など、必ずしも軍事力で抑止できないものが多くある。同時多発テロの策源地やＩＳ（Islamic State）勢力の跋扈に至っては、大国の軍事介入が新たな脅威を生んでしまった。アフガニスタンとイラクは、アメリカにとって第二・第三のベトナムと化している。

つまり、国際政治と安全保障において、根底から従来の枠組み（パラダイム）が転換しつつある。仮想の敵国からの侵略を抑止する軍事力の役割が相対化される一方、現実に起きている脅威に対処することが国際政治と安全保障の優先課題となっている。

しかし、日本の安全保障政策は、軍事力偏重の方向で逆行してきた。自民党政権は１９９９年に日米の軍事的な協力を強化する周辺事態法、２００３年に有事法制と呼ばれる武力攻撃事態対処法、２０１５年に集団的自衛権の行使を目指す安保関連法を成立させると共に、初の本格的なヘリ空母「いずも」や初のステルス戦闘機「Ｆ－35」を導入するなど、防衛力を大幅に強化してきた。安倍・菅政権では、敵基地攻撃能力についての検討も始まっている。

この安全保障政策は、周辺国の軍事力の増強を抑止できず、結果的に功を奏していない。ロシアは北方領土に駐屯する兵力を増強し、北朝鮮はアメリカに到達する弾道ミサイルの開発を進め、中国は尖閣諸島海域での挑発的な行動を拡大してきた。むしろ、台風などの気候災害や新型コロナウイルスという現実の脅威への対処で、自衛隊の評価が高まったにもかかわらず、自衛隊員の待遇改善や信頼確保に不可欠な情報開示には、法令や武器の整備ほどの力が入れられていない。

これは、国家重視の国家方針に起因すると考えられる。日本に住む人々の生命・財産を守ることが安全保障の基本であることは、すべての政治家・官僚に共通すると考えられるが、国家重視で認識してしまうため、安全保障環境のパラダイム転換を捉えられず、気候変動などの新たな脅威が目に入ってこないのではないか。

よって、国家方針の転換は、現実の脅威を認識し、より効果的な安全保障政策を展開することにつながる。国家方針を転換しても、人々の生命・財産を守るという安全保障政策の目標が変更されるわけではない。目標に至る方法が変わる。特に、個人重視・支え合いの国家方針は、日本を取り巻く現実の脅威に対し、従来とは異なるアプローチを可能とする。

権威主義国家の脅威に対する民主主義国家の信頼関係の強化

冷戦時代の自由主義諸国と社会主義諸国の分断に代わり、現代は民主主義諸国と権威主義諸国のグラデーションで国際社会が構成されている。民主主義諸国とは、制度としても実質としても民主主義と人権尊重を重視する国々で、一般的には旧西側諸国を指す。一方、権威主義諸国とは、形式的な制度はどうあれ、一党独裁あるいは個人崇拝、支配層の人治が強い国々で、旧東側諸国、旧西側諸国、第三世界諸国に広がっている。

グラデーションとは、権威主義国の形態が多様なことを意味する。権威主義諸国には、中国や北朝鮮のように一党独裁を定めている国々だけでなく、ロシアやベラルーシ、ハンガリーのように、形式的には民主主義の制度を備えながらも、野党や政敵、市民を迫害する国々が含まれる。また、サウジアラビアやコンゴ民主共和国（旧ザイール）のように、冷戦時から西側諸国の一員でありながら、王族や宗教、独裁者による支配を続け、民主主義や人権尊重から程遠い国々もある。

近年は、民主主義国の権威主義化も見られる。例えば、トランプ大統領は権威主義的傾向を強く持ち、在任中は民主主義や人権を軽視する言動を重ね、自らが敗北した大統領選挙の結果を、任期終了の直前まで認めようとしなかった。日本でも、安倍・菅政権は国会や法体系を軽視し、権威主義的な傾向を有してきた。このように政権を獲得するに至らなくても、フランスやドイツなど、多くの民主主義諸国で権威主義的な政治勢力が議会に進出している。

権威主義的な傾向が世界的に強まっている背景には、経済の低成長化に伴う新自由主義の拡大がある。1970年代に旧西側諸国で高度経済成長が終わり、さらなる経済成長を追求するため、各国は新自由主義を採用してきた。1980年代には、世界銀行と国際通貨基金の主導で、第三世界諸国に新自由主義（構造調整政策）が成長戦略として強制されてきた。1990年前後に冷戦が終わり、旧東側諸国も新自由主義を市場経済の標準として導入してきた。[50]
新自由主義は、経済的価値の追求を絶対的な善とし、その手段として企業が国家を活用することも是とする。民主主義諸国の企業は、国際市場において、急速に台頭してきた権威主義諸国の企業と激しく競争している。権威主義諸国の企業は、未成熟の巨大な国内市場、劣悪な環境で働かせられる労働力、時に強権で助けてくれる国家の後ろ盾を強みとしている。

よって、個人重視・支え合いの国家方針においては、権威主義諸国を国際協調とルールの中に組み込む外交政策が必要となる。そうでなければ、国家権力を駆使して人権侵害や環境破壊もいとわない権威主義諸国の企業と競争するため、国内から同様の国家体制を求める声が強くなり、個人の抑圧と支え合いの崩壊を助長してしまう。そして、権威主義化が促される。

権威主義諸国に対抗するには、民主主義諸国の間での民主主義にまつわる不信のトゲを一掃し、連帯を強化することが必要条件となる。民主主義諸国の間で不信が増幅され、分断に至れば、経済的にも軍事的にも力をつけてきている権威主義諸国に国際協調を強いることは困難である。実際、ロシアによるアメリカ大統領選挙への介入疑惑のように、権威主義諸国はしばしば民主主義諸国に揺さぶりをかけてくる。

日本にある最大の不信のトゲは、沖縄の米軍基地と日米地位協定の問題である。建設中の辺野古新基地とたびたび発生するアメリカ軍による事件は、沖縄県民から繰り返し、拒否の民意が明確に示されてきた。それにもかかわらず、政府はその民意を尊重せず、新基地の建設を強行し、地位協定の改定交渉をアメリカ政府に提起してこなかった。いわば、沖縄県の民主主義に対し、政府は権威主義で対抗してきた。

新しい国家方針の政権は、沖縄の民意に基づき、アメリカ政府と交渉することが求められる。日米の様々な利害や経緯が複雑に絡むため、容易な交渉にはならないだろうが、それでも民主主義に基盤を持つ国同士として、合意形成することが重要である。「Black Lives Matter」を尊重するアメリカ政府であれば、日本の「Okinawan Lives Matter」も理解できるはずだ。

韓国との間にある戦後問題と領土問題のトゲも、日本政府は抜く努力をしなければならない。戦後問題については、たとえ法的に問題ないとしても、冷戦と国力の差を背景にして結ばれた日韓基本条約を盾にして韓国の民意を黙殺するのは、誠意に欠ける。アメリカ政府に対し、沖縄の民意の尊重を求めるのと同じく、日本は韓国の民意と向き合い、民主主義国としての誠実さを示すのが筋である。一方、韓国に対しては、竹島をめぐる日本の漁業者の意見に向き合ってもらう必要がある。戦後問題と領土問題をセットで交渉することも一つの方法であろう。

重要なことは、民主主義国間の問題について、民意を相互に尊重し合う基本姿勢にある。共通の価値観を出発点に交渉すれば、そうでない場合よりも合意を形成しやすい。民主主義諸国の強みは、共通の価値観を基盤にしていることにあり、その利点を活かし、相互の信頼を強固にする外交が求められる。

グローバルな経済的脅威をもたらす競争相手の縮小

日本で働く人々は、海外で働く人々との競争にさらされている。それは、江戸末期の開国当初から競争にさらされている農作物などの一次産品に限らず、1990年代からの工場の海外移転と製品のコモディティ化による二次産品、そして近年では情報技術の発達による第三次産業のサービスに至るまで、企業は低賃金を求めて海外に進出し、安価で質の低くない製品・サービスが海外から流入している。

その最大の原因は、賃金などの労働条件や社会保障などの社会システム、社会・環境への影響の受忍度合という、国家体制の違いにある。どこの国に住む人であっても、生活困難なレベルの貧困や奴隷的な労働環境、健康や環境への汚染被害を甘受しないが、権威主義国家ではそれらの不満を表明する政治的回路が十分でなく、不満の表明で命を奪われることもあるため、相対的にそれらに対処するコストが低い。そのコストの差分が、価格差の多くを占めている。

こうしたグローバルな経済的脅威は、人々の外国への反感と結びつきやすく、対外関係を悪化させる一因となる。近現代史を見れば、その是非は別にしても、排外運動が戦争や侵略のきっかけ、背景になることがしばしばあった。日本の例を示せば、1900年の中国での義和団事件（排外運動）をきっかけに、日本軍が北京に駐兵し、その部隊と中国軍が衝突する盧溝橋事件の遠因となった。義和団事件の原因は、日清戦争に伴う重い税負担と、日本などの外国資本・産品の流入による産業衰退があった。[51]

経済的脅威から日本の人々を守り、国際環境を安定させるには、競争相手となる海外の低賃金・劣悪待遇の労働者の総数を縮小しなければならない。海外のすべての人々が、ゆたかな生活を送れる高賃金で、医療や福祉、年金などの社会保障が完備され、人権侵害や環境破壊に無縁の労働・社会環境で生活していれば、同質の製品・サービスにおいて、内外で大きな価格差は生じない。

そのためには、従来の「主権国家」原則を墨守するのでなく、新たに「人間の安全保障」原則に基づく外交を展開しなければならない。内政不干渉を中心とする主権国家の原則は、１６４８年のウェストファリア条約に起源をもち、当時としては戦争を抑制する考え方であった。一方、人間の安全保障は、冷戦の終了後、世界のほとんどの国々が独立して主権国家となった状況において、国際的な脅威の質が大きく変化したことを受けて発展してきた考え方である。具体的には「恐怖からの自由」「欠乏からの自由」「尊厳を持って生きる自由」をすべての人類に保障することが、個人だけでなく、国家の安全保障に有効との考えで、２００５年の国連総会首脳会合で合意されている。

人間の安全保障に基づく外交を展開するには、他国への内政干渉となるだけに、日本の国益と切り離されていることを予め明確にしなければならない。それなくしては、覇権主義との疑念を持たれ、国際的な緊張状態を生み出しかねない。相手国からすれば、不愉快なことに違いはないが、日本外交の誠実さだけは理解されなければならない。

そのためには、第一に過去の戦争に関する問題を丁寧に解決しなければならない。日本が戦前・戦中、アジア諸国を侵略し、植民地を拡大したことは、アジア諸国にとって未だ生々しい記憶で、現実である。一方、他国の労働環境や人権、社会システムに意見するに際しては、一片の覇権主義も日本にないことを確信してもらう必要がある。それには、国家間で一定の決着がついている問題であっても、被害を訴える人々の声に耳を傾ける誠実な対応が求められる。それは、空襲被害者など、国内の人々に対しても同様である。こうした努力は、北朝鮮による拉致問題での交渉においても、日本の立場を強化するだろう。

とりわけ、中国による人権侵害や領土拡大、軍拡の動きを抑制する際、日本側に弱みがあっては、抗議も有効とならない。日本はかつての過ちを反省し、繰り返さない努力をしている。だからこそ、中国の過ちに対しては厳しい姿勢を示すことが、「日中共同声明と日中平和友好条約に基づく真の友好関係を発展させる」と国際社会から広く理解される状況になれば、日本が中国の問題を厳しく指摘する際、国際社会での説得力が増す。

第二は、日本国内にいる外国人の処遇改善である。難民申請者や技能実習生、オーバーステイの人々への政府の対応は、人間の安全保障の考え方から程遠い。低賃金・劣悪待遇の労働者として使っておきながら、用済みとなれば本国送還という状況は、あたかも人身売買の横行を容認しているかのようである。彼ら・彼女らの処遇を大幅に改善し、絶大なる親日家となってもらうことは、人間の安全保障に基づく外交を展開する際、相手国との無用な摩擦を減ずることにつながる。

第三は、ODA（政府開発援助）のレビューと強化である。現在のODAは、無償・有償に限らず、国益増進に結びつける考え方が背景に強くある。狭く短期的な国益の追求は、目的とされる事業の効果よりも、日本企業の受注や資源の確保などを優先してしまう。そうでなく、受援国の人々の生活を改善し、低賃金・劣悪待遇で働く人々を少なくすることを通じて、長期的に日本の利益となるようにしなければならない。そのためには、人間の安全保障の観点で全事業をレビューし、事業を短期的な国益から切り離して再編成し、総額の積み増しを含めて強化することが適当である。

生命・財産への直接的な脅威からの防衛

政治と経済においては、前述のとおり、民主主義諸国と権威主義諸国との間で大きな課題がある一方、地球環境については国際協調の姿勢で概ね一致している。概ね一致というのは、気候変動のパリ協定や生物多様性条約という大枠の目標や方向では国家体制の違いなく一致している一方、個別には多くの論点が交渉中という意味である。民主主義国であっても、アメリカのように生物多様性条約などの環境条約に加盟していないケースもある。

地球環境で国際協調が相対的に進んでいるのは、各国が自国民の生命・財産への直接的な脅威と受け止めているからである。世界各地で気候変動による異常気象や災害が頻発しており、飢餓や難民の原因となっているため、地球環境の悪化を安全保障の脅威と見なす認識が広がっている。例えば、アメリカのバイデン大統領は、気候変動への対応を国家安全保障政策の柱とする大統領令に署名し、ケリー元国務長官を閣僚級の気候変動担当大統領特使に任命した。

要するに、地球環境への対応は、国際協調を発展させるエンジンとして安全保障環境を安定化させると同時に、文字どおりの安全保障政策として生命・財産への脅威を抑制する。決して枝葉の問題でなく、国際政治のメインストリームの課題である。

日本の人々を地球環境の悪化による脅威から守るには、まず日本が「環境先進国」に転換しなければならない。地球環境をめぐる国際交渉で発言力の基盤となるのは、自国がどれだけ率先して対応しているかということである。政治力や経済力に優れていても、自国の環境対策がお粗末ならば、交渉での発言力は大きくない。むしろ、気候変動の国際交渉において、日本は交渉の足を引っ張る国と見なされており、国力に相応した発言力を有していない。

次に、自国の対策強化で発言力を強化した上で、地球環境に関する国際交渉を主導し、強力な対策を各国に求める。これには、権威主義諸国に有利な枠組みが設定されることを防ぐことに加え、権威主義諸国に公正で透明な国際ルールの順守を求めることにつながる。これまでの日本は、石炭火力発電など垂直統合型の産業システムを守ろうとして、国際交渉で中国などの後塵を拝してきた。このような立場を逆転すべきだ。

さらに、地球環境の保全と人間の安全保障を大前提とする、公正で透明な貿易ルールへの変更を各国に働きかける。WTO（世界貿易機関）やTPP（環太平洋パートナーシップ協定）、経済連携協定など、日本は様々な貿易ルールを多国間、あるいは二国間で結んでいる。これらをレビューし、地球環境の保全と人間の安全保障に配慮したものへと改正交渉を行う。貿易が地球環境や人間の安全保障に負の影響をもたらしている面があるからだ。

以上のとおり、国家方針の転換は、外交・安全保障政策において新たな視点と手法をもたらし、現実の脅威への対処を推進する。特に、権威主義諸国への対応と民主主義諸国との連帯、国際的な低賃金・劣悪待遇の底辺に向けた競争からの脱却、地球環境の悪化に伴う災害などの抑制は、喫緊の課題である。

これらの内政と外交の転換は、国連のSDGsにも合致している。SDGsは、いわゆる先進国と途上国の両方で推進すべき、内政と外交に関する世界各国共通の指針であり、国家方針の転換はSDGsを積極的に推進することと同義である。

したがって、政権交代で国家方針を「国家重視・自己責任」から「個人重視・支え合い」に転換することは、日本社会の要請であると共に、国際社会の要請であり、時代の要請である。

『論座』2021年3月10日掲載を改題・加筆修正

第3章

民主主義と地球環境にとっての決定的十年

権威主義による経済成長か、民主主義による生活安定か

まとめに代えて

気候変動と生物多様性の危機

気候変動とブラックライブズマター（Black Lives Matter／ＢＬＭ）は、日本を含む現代の経済と社会の矛盾を象徴する二大問題である。気候変動とは、二酸化炭素などの温室効果ガスの人為的な排出により、気候が大きく変動して、人類の生存が脅かされることである。ＢＬＭとは、アメリカにおけるアフリカ系アメリカ人による人種差別への抗議運動である。

気候変動は、化石燃料の大量使用を主因として、引き起こされている。石油・石炭・天然ガスという化石燃料は、かつて地球を覆っていた多量の二酸化炭素が濃縮した状態で地中に埋ま

っているもので、これをエネルギー源などとして使って大気中に再び放出したことで、安定化していた気候が再び不安定化しつつある。気候に依存する農林漁業はもちろんのこと、気候変動が災害や疾病などのリスクを高めるため、経済と生活の全般にわたって影響を被る。

一方、化石燃料の大量使用が、炭素文明として現代の経済と生活の基盤になってきた。２００４年、世界全体のエネルギー源のうち、太陽光発電や風力発電などの再生可能エネルギーの割合は２％しかなかった。環境面での問題を抱える大規模水力発電や薪の使用（大気汚染や健康、ジェンダー、貧困の問題も引き起こす）を含めても17％であった。残る83％のエネルギー源は、化石燃料と原子力で占められていた。[52]

また、化石燃料の大量使用と合わせて推進されてきたのが、聖域のない土地開発である。資源と肥沃な土地、そして経済と生活に用いる場所を求めて、森林が伐採され、川がせき止められ、海岸が埋め立てられ、山が切り崩され、深い穴が掘られてきた。農地としては同じであっても、伝統的な農法で住民の食料を生産する農地から、化学肥料と農薬を多用する輸出するための作物を生産する農地へ、所有者と共に変えられてきた。

土地開発は、経済の生産性と生活の利便性を大きく向上させてきた一方、生物多様性を危機に陥らせている。生物多様性とは、人類を含めたすべての生物の生存に欠かせない生態系の特質で、これが損なわれることは、人類の種としての存続を危うくする。[53]

そのため、経済と社会の構造を維持することと、気候変動と生物多様性という環境危機の影響を回避することは、両立困難である。化石燃料の大量使用と開発を続けて、環境問題の影響をすべて甘受するのか。あるいは、化石燃料の大量使用などを前提とする経済と社会の構造を転換して、環境問題の影響を回避するのか。

これに対し、自民党政権は「夢の新技術」によって、構造維持と危機回避の両立を狙っている。原子力やCCS、アンモニア発電などの技術を用いれば、エネルギー源だけ脱炭素化することで、経済と社会の構造を維持できると考えている。実際、経産省の「グリーン成長戦略」によって、その方針が示されている。

しかし、エネルギー源だけを「夢の新技術」に変えるだけで、環境危機の影響を回避できると考えるのは、甘すぎる。それは、土地開発の問題に対応していないだけでなく、同じ原因に端を発する別の問題を解決できないからだ。

BLMと移民危機

BLMに象徴される人種差別の問題は、アメリカだけでなく、いわゆる「先進国」の多くに存在している。アメリカの問題が極めて根深く、運動や事件で可視化されているだけで、例えば日本においても無縁でない。日本での外国人差別は、ヘイト・スピーチ、入管施設への収容、技能実習制度、難民の不認定など、特定の外国人を狙い撃ちしており、相対的に可視化されていないだけである。[54]

現代の人種差別問題は、かつての植民地侵略と奴隷貿易から始まっている。西欧諸国はアメリカ大陸を「発見」した後、南北アメリカ大陸を植民地とし、鉱山やプランテーションでの労働力として現地の人々を使役した。だが、伝染病のまん延や虐殺などによって、多くの人々を失ったため、代替の労働力としてアフリカ大陸の人々を移送し、奴隷として使役した。[55]

植民地と奴隷貿易は、産業革命と連動していた。それはイギリスの「三角貿易」に分かりやすく示されている。産業革命で大量生産した綿織物や武器を積んだ船がアフリカ大陸の港で、それらを奴隷に交換して積み込み、次にアメリカ大陸の植民地で奴隷を綿花や砂糖と交換し、それらを積み込んでイギリスに戻って来る。綿花は工場で生産される綿織物の原材料となり、砂糖は紅茶に入れられて工場で過酷に働く労働者のエナジードリンクとなり、武器はアフリカ大陸の奴隷を集める国家・商人に使われた。植民地経営に携わる役人・軍人、貿易に携わる商人、プランテーションを経営する不在地主は、この三角貿易から莫大な利益を得て、それをさらなる事業に再投資し、イギリスを「世界の工場」「覇権国家」にした。

また、生産性を急速に高めた産業革命は、その地域を中心として、周辺の地域から多数の資源と労働力を流入させ、そこを経済構造に組み込んだ。イギリスは、食料や木材、その他の主要な資源・労働力について、国内の農村地域からの供給では足りず、アイルランドや中東欧から大量に移入した。19世紀イギリスの反穀物法同盟は、賃金の上昇圧力を弱めるため、穀物の輸入自由化で食料品の値段を下げることを狙い、国内農業を保護する穀物法を廃止して、自由貿易を切り拓いた。一方、資源と労働力の供給地となった周辺地域は、実質的にイギリスの下請のような従属的立場に置かれた。

これらの問題は、現代のBLMや移民問題の遠因となっている。アフリカ大陸から奴隷として連行された人々は、奴隷解放の後も何世代にわたって制度や慣習において不合理な状況に置かれ、多くの人々が貧困の連鎖に追い込まれてきた。イギリスなどが労働力としてきた移民も、嫌がられる仕事を劣悪な待遇で引き受ける存在として、同様に貧困の連鎖に追い込まれてきた。こうした問題、特に後者の移民問題は、アメリカとイギリスだけでなく、フランスやドイツ、日本と、中心地域となった多くの「先進国」で引き起こされた。

これらは同時に、植民地や周辺地域を劣悪な状況とし続けることで、安価な資源・労働力を得る構造になっていた。植民地では、支配層の支配層による支配層のためのインフラだけが整備され、現地の人々や奴隷とされた人々の生活・経済を支えるものでなかった。周辺地域では、産業が輸出に特化したため、食料などの生活必需品を中心地域からの輸入に頼るようになり、中心地域への依存をますます強めてしまった。

この経済構造は、現代では地域から人種や職業、資産、街区などに比重を移し、グローバリズムとして現代に至るまで拡大している。BLMはこの構造に対する抗議運動であり、移民問題はこの構造によって引き起こされた人の移動である。

炭素文明とグローバリズムを基盤とした自由民主主義体制

第二次世界大戦後、アメリカやイギリス、フランスなどの西側「先進国」は、経済成長と民主主義を両立させることに「成功」した。一層の工業化を推し進め、雇用の拡大と賃金の上昇に成功し、人々の生活を大きく向上させた。科学技術の発展と相まって、生存の危機に直面する人々はほとんどいなくなり、生まれた時間と資源の余裕によって消費と余暇を楽しみ、さらなる産業と経済成長をもたらした。多数生まれた中間層は、政治にも積極的に参画し、民主主義を発展させた。やがて、旧敗戦国のドイツや日本もそれに続いた[56]。

経済成長と民主主義の両立は、自由主義経済と民主主義国家の双頭であることから「自由民主主義体制」と呼ばれる。西側「先進国」は、個人・企業の自由な経済活動を基本とする市場経済と、多党制の直接選挙による政治体制を採用し、高度経済成長と生活水準の大幅な改善を実現した。

自由民主主義体制は、経済成長と民主主義の発展に加え、政府の経済政策で景気変動をコントロールすることに「成功」し、普遍性を持つと考えられた。景気変動、とりわけ恐慌の発生は、この体制の「弱点」であったが、需要の一時的な落ち込みという原因分析と、それを政府の財政出動と中央銀行の金融緩和で補うとの処方箋を経済政策として採用し、安定化した。ケインズ経済学である。

しかし、自由民主主義体制は1970年代前半のニクソンショックとオイルショックによって危機に陥った。ニクソンショックとは、アメリカのニクソン大統領が1971年に発表したドルと金の交換停止のことで、ドルと各国通貨との固定相場制による戦後経済体制の基盤であった「ブレトンウッズ体制」が終わった。以後、ドルと各国通貨は変動相場制に移行した。オイルショックとは、1973年の第4次中東戦争で中東の産油国が石油輸出を停止し、石油を始めとする世界中の資源価格が高騰したことである。これからしばらくの間、インフレと不況が同時に西側諸国を襲い、スタグフレーションと呼ばれた。

ニクソンショックは、ベトナム戦争への莫大な戦費がドルの信認を脅かしたことを受けた措置で、軍事力による植民地型グローバリズムの完全な行き詰まりを意味した。アメリカは、ドルの金兌換の保証を通じて、西側諸国の通貨価値を支えていたが、価値を生むどころか、失うばかりの戦争への支出に耐えかねて、兌換を停止した。実質的な植民地である南ベトナムを支える戦争のため、多額のドルを発行していたが、それによって富の源である金が流出するばかりになったからだ。それでもアメリカは南ベトナムを維持できず、撤退に追い込まれた。

オイルショックは、西側諸国の意向に反して資源価格が高騰するきっかけとなり、安価な資源の安定供給に支えられてきた炭素文明の行き詰まりを意味した。国際石油価格は、現在に至るまで化石燃料を含むあらゆる資源価格の基軸となっている。そのため、資源の安価な価格と安定的な供給を前提としてきた経済構造が、根底からひっくり返された。それが、前例のない物価の高騰と不況の進行の同時発生を引き起こした。

両ショックが西側諸国の高度経済成長を終わらせたことで、各国政府は成長と分配の二兎を追うのでなく、どちらか一兎を追うこととした。各国は、高度成長の終わりによって税収が頭打ちとなったため、限りある政策資源を経済に投じるか、福祉に投じるか、選択を迫られたのである。

そして、多くの国で採用されたのは、ひたすらに成長を追求する新自由主義であった。新自由主義は、チリのピノチェト政権に始まり、イギリスのサッチャー政権、アメリカのレーガン政権、日本の中曽根政権と広がっていった。その政策方針を高く掲げない国であっても、新自由主義の色彩を含む政策が様々なかたちで採用され、西側諸国を広く覆うようになった。

炭素文明とグローバリズムを徹底追求する新自由主義体制

新自由主義体制は、経済的な価値の拡大を徹底追求することで経済を成長させる一方、その他の社会的な価値を二の次とする。誰もが経済的な価値の拡大、すなわち「カネ儲け」を追求することで、富の総量が拡大するとのフリードマンの経済思想が背景にある。誰かの「カネ儲け」を妨げる規制や税制は、富の総量の拡大を妨げるものであり、撤廃されなければならない。富める者から貧する者への富の分配も、富める者の意欲を損なうので、行うべきでない。政府は「カネ儲け」を目的とする組織ではないので、経済に関与すべきでないし、小さくあるべき。すべての人々は「合理的な選択」をした結果として、現在の状況にあるのだから、格差の是正も公共サービスも行うべきでない。この新自由主義は、それぞれの側面を捉えて「市場原理主義」「マネタリズム」「サプライサイド経済学」とも呼ばれる。

そのため、経済成長と並んで一位にあった民主主義の優先順位は、必然的に低下した。丁寧な合意形成を確保するための諸制度、格差是正や公共サービスに必要な税制、人権状況の改善や環境保全のための規制など、民主主義社会の制度やインフラは、経済成長を妨げる非効率なものとして、廃止・緩和されていった。外国との間で、製品・サービス、資金・資本、労働力を自由に移動させ、経済的な効率性を追求できるようにするため、国内産業や環境、文化を守るための規制や関税も縮小された。

民主主義の優先順位が低下するのに反比例して、新たな市場や利益拡大の手法が生まれ、民主主義をさらに掘り崩した。人々のニーズがある程度満たされている状態で、未踏の市場を求めてイノベーションに挑戦するよりは、政府によって供給されている公共サービスを縮小し、その分を企業が供給する市場に変える方が、確実な利益拡大を狙えるからだ。それによって、民主主義的な手続と貧困層への再分配に不満を持つ富裕層だけを顧客とすることもできる。あるいは、金融や投資の規制を緩和し、ハイリスク・ハイリターンの商品を販売し、富裕層にリターンを、貧困層にリスクを回し、カネにカネを生ませることもできる。縁故を通じた政府の予算や許認可も利用できる。これらを可能とするには、政府がそれらを認めなければならず、民主主義の諸制度を損なわなければならない。

民主主義が掘り崩されれば、利益追求を極めた個人・企業は、国家を経済的価値の拡大の道具としてさらに活用できる。アメリカ、イギリス、日本、フランス、ドイツ、ロシア、中国などの有力国の政府を利用できれば、規制緩和や公共サービスの縮小の国内政策だけでなく、貿易ルールや国際法、環境規制の改変を通じて、その手法を世界中に拡大できる。[57]

企業は弱肉強食の市場で勝ち残り、政府に影響力をもたらすために垂直統合を進め、資源供給地と販売先の市場を世界全体に求めていく。ハイリスク・ハイリターンで、カネがカネを生む経済では、資本の大きさこそが決定的な要因となるからだ。実際、２００８年の世界金融危機で、アメリカの巨大金融機関は、巨額の損失を出したにもかかわらず、政府から救済を受け、経営者たちは莫大な報酬を受け取った。詐欺が疑われたものの、犯罪とはされなかった。

人々の間で蓄積される不満の矛先は、政府とメディアを通じて、民主主義を擁護する人々、公共サービスに従事する人々、人種、移民、外国に向けることができる。公共サービスや社会的な公正、それらを担保してきた民主主義を損なって、その分だけ市場を拡大する政策は、必然的に格差の拡大を招き、人々の不満を増大させる。不満が富裕層や経済構造に向かわないようにするには、身代わりとなる分かりやすい「敵」を示すのが常套手段となる。

その結果、新自由主義体制は、炭素文明とグローバリズムを効率よく追求する権威主義国家を指向する。なぜならば、再分配を指向する民主主義の諸制度や公共サービスをできる限り縮小する一方、労働者・消費者としての人々を「生かさず殺さず」にコントロールし、国内外で影響力を発揮するための強い権力と権力装置（軍隊や警察、メディアなど）を必要とするからである。[58]

市場を通じた所得とサービスの確保が命綱となった多くの人々も、経済成長を徹底追求する権威主義国家を求める。「カネを配れ、税を下げろ」「民主主義や外国人はどうでもいい」との主張が各国で広がり、従来は忌避されてきたこうした動きが「左派ポピュリズム」として、一部で肯定的に見なされるようになった。[59]

今や、経済成長を「錦の御旗」に、新自由主義に基づく権威主義国家へのレースが始まっている。その筆頭が権威主義国家のシンガポールであり、中国、ロシア、ブラジル、インド、UAEという権威主義国家群が世界の成長センターとして続いている。アメリカのトランプ政権、イギリスのジョンソン政権、日本の安倍・菅政権も、権威主義に傾斜していった。

気候変動とBLMが阻む新自由主義の進撃

これまでのところ、新自由主義は世界中に拡大を続けている。2008年の世界金融危機は、新自由主義にとっての危機でもあったが、各国の政府は「too-big-to-fail（大きすぎて潰せない）」

の圧力に屈して、金融機関や富裕層の損失を政府の債務に付け替えてしまった。日本でバブル経済が崩壊した後始末で、既に同様の処置を行っていたが、その教訓を十分に学べず、同じことを世界規模で繰り返してしまった。社会主義国の中国や元社会主義国のロシアが、新自由主義の優等生となり、新自由主義が社会主義国に拡大しうることも示された。

この新自由主義の進撃を阻もうとしているのが、気候変動とBLMに代表される「現実」である。炭素文明の王者である垂直統合型の企業は、成長に比例して環境破壊をもたらし、人類の生存を危うくしている。グローバリズムの王者である多国籍型の企業は、発展に比例して格差拡大をもたらし、人々の尊厳を危うくしている。新自由主義で復権した権威主義国家は、強化に比例して社会の危機を大きくし、人々の信頼関係を危うくしている。

環境破壊と格差拡大、社会危機の現実に追い詰められた人々は、連帯して、声をあげ、行動し、新自由主義に抗い始めている。スウェーデンのグレタ・トゥーンベリが一人で始めた気候変動への抗議行動は、欧州の多くの若者が後に続き、世界に広がった。アメリカの警官によるアフリカ系アメリカ人への暴行は、SNSで動画が拡散され、アメリカ全土での抗議行動に至った。日本でも、政権による恣意的な検察官人事が、SNSでの抗議をきっかけとして、最終的に撤回された。トランプ大統領によるパリ協定の脱退宣言に対しては、アメリカの多くの地域が「We Are Still In」と表明し、独自に脱炭素地域づくりを進めてきた。同様の脱炭素地域づくりは、政府の方針と無関係に、世界中の多くの地域で進んでいる。日本のいくつかの地域も例外でない。[60]

こうした現実は、新自由主義を推進する各国政府や多国籍企業などに対し、少なくとも表面上、新自由主義・炭素文明・グローバリズムを礼賛できない姿勢に追い込んできた。それがSDGsである。これは、2015年の「国連持続可能な開発サミット」で193の国連加盟国によって採択された。アメリカ、ロシア、中国、日本などの主要国はすべて含まれ、国内外の多数の主要企業が賛同を表明している。

SDGsは、新自由主義・炭素文明・グローバリズムと真逆の世界を目指すマニフェストである。第一に「誰一人取り残さない（no one will be left behind）」との基本目標は、個人あるいは集団の「合理的な選択」として「取り残される」ことを許容する新自由主義の根幹と相いれない。第二に「地球と天然資源の永続的な保護を確保する（to ensure the lasting protection of the planet and its natural resources）」との基本目標は、それらの保護よりも利用を優先する炭素文明の前提を覆す。第三に、「途上国」の低開発の原因を「途上国」のあり方に求めたかつてのMDGs（ミレニアム開発目標）と異なり、SDGsは「先進国」と「途上国」の関係に焦点を移しており、野放図なグローバリズムに修正を迫っている。[61]

SDGsは各国の内政問題、特に人権や生活を包括的に改善することを求めており、権威主義諸国が声高に主張する主権国家体制を相対化している。SDGsでは、17ゴールの169ターゲットについて、国連が各国の進捗状況をモニタリングすることになっているため、各国の人権や生活などの状況が客観的に明らかになってしまう。状況が思わしくなければ、国際社会から改善を求められる。

また、民主主義の強化を各国に求める内容となっており、権威主義をけん制している。SDGs前文は「人間（People）」の項で「すべての人間が尊厳と平等の下」「持てる潜在能力を発揮することができることを確保する」とし、「パートナーシップ（Partnership）」の項で「全ての人の参加を得て」としている。「全ての人」が「尊厳と平等の下」で「参加」して「持てる潜在能力を発揮することができる」政治体制は、民主主義に他ならない。

SDGsと社会的共通資本は同じ

SDGsは、社会的共通資本の拡充をビジョン（Our vision）としている。社会的共通資本は「一つの国ないし特定の地域が、ゆたかな経済生活を営み、すぐれた文化を展開し、人間的に魅力ある社会を持続的、安定的に維持することを可能にするような社会的装置」で「市場的基準、あるいは官僚的基準によって決められるべきものではなく、あくまでも、一人一人の市民の人間的尊厳を守り、魂の自立を保ち、市民的自由が最大限に確保できるような社会を形成するという視点にたって」管理・運営されるものである。[62]

社会的共通資本は、自然資本、社会的インフラストラクチャー、制度資本の三つからなる。

SDGsのビジョンを社会的共通資本で分類すると、次のようになる。

〈自然資本〉

・消費と生産パターン、そして空気、土地、河川、湖、帯水層、海洋といったすべての天然資源の利用が持続可能である

・技術開発とその応用が気候変動に配慮しており、生物多様性を尊重し、強靱（レジリエント）なものである

・人類が自然と調和し、野生動植物その他の種が保護される

〈社会的インフラストラクチャー〉

・安全な飲料水と衛生に関する人権を再確認し、衛生状態が改善している

・十分で、安全で、購入可能、また、栄養のある食料がある

・住居が安全、強靱（レジリエント）かつ持続可能である

・安価な、信頼でき、持続可能なエネルギーに誰もがアクセスできる

〈制度資本〉

・質の高い教育、保健医療及び社会保護に公平かつ普遍的にアクセスできる

・身体的、精神的、社会的福祉が保障される
・人種、民族及び文化的多様性に対して尊重がなされる
・人間の潜在力を完全に実現し、繁栄を共有することに資することができる平等な機会が与えられる
・子供たちに投資し、すべての子供が暴力及び搾取から解放される
・すべての女性と女児が完全なジェンダー平等を享受し、その能力強化を阻む法的、社会的、経済的な障害が取り除かれる
・最も脆弱な人々のニーズが満たされる、公正で、衡平で、寛容で、開かれており、社会的に包摂的
・民主主義、グッド・ガバナンス、法の支配

新自由主義が経済理論から導かれた考え方である一方、SDGsと社会的共通資本はいずれも現実の課題考察から導かれた考え方である。新自由主義は、経済的合理性を行動原理とする人間（ホモエコノミクス）だけが存在する世界を想定し、一切の制約なしで各人が経済的合理性を追求することで、効率が最大化し、富の量も最大化する経済理論を出発点としている。一方、SDGsは主に南北問題、社会的共通資本は主に公害問題という、現実の課題を出発点とし、同じ結論に至っている。それ故に、新自由主義とSDGsは対立的であり、SDGsと社会的

共通資本は同一なのである。

ＳＤＧｓと社会的共通資本は、経済を民主主義と地球の限界の下でコントロールすることを求めている。新自由主義が、自由な利益追求の徹底によって経済的な富の最大化が得られるとする考え方で、民主主義と地球の限界を軽視するのに対し、ＳＤＧｓと社会的共通資本は、民主主義と地球の限界を前提とした経済に転換することで、人々の幸福が最大化するとの考え方である。社会的価値の最大化を求める考え方であり、経済的な富の最大化を求める考え方ではない。

民主主義と地球環境にとっての決定的十年

２０２０年代は、新自由主義と現実の衝突が噴出する時代である。実際、新型コロナウイルスのパンデミックにより、医療や雇用、信頼を支えるシステムの貧弱さが、各国で露わになった。共和・民主両政権で新自由主義を採用してきたアメリカはその典型で、第二次世界大戦の戦死者を上回る死者を出した。先に示した気候変動やＢＬＭの問題も、アメリカで大きな問題となり、権威主義的なトランプ政権は、これらを解決できず、抑えることもできなかった。

権威主義で新自由主義を強化して、現実を抑えるのか、それとも民主主義で社会的共通資本に転換して、課題を解決するのか、世界的に問われている。日本だけに特有の分岐点ではない。[63]

2021年に成立したアメリカ・バイデン政権は、就任直後から、新自由主義から社会的共通資本へ舵を切り始めた。アフリカ系アメリカ人女性のハリス副大統領を任命し、パリ協定への復帰を表明し、新型コロナウイルス対策で人々への生活支援を強化している。

また、同政権のイエレン財務長官は、国際的なデジタル課税の協議を欧州諸国と開始するなど、新自由主義に抗う政策方針を打ち出している。イエレンは労働経済学者で、クリントン政権で経済諮問委員会委員長を務めた経済学者のスティグリッツに学び、博士号を取得した。スティグリッツは、近著で経済政策として「民主主義の再生」「社会保障の拡充」「金融の規制」「グローバリズムの修正」を唱えており、バイデン政権の政策方針、そして社会的共通資本の考え方と軌を一にしている。なお、スティグリッツは学生時代に宇沢弘文の薫陶を受け、専門を物理学から経済学に転じた経験を有し、宇沢の生涯にわたる親しい友人であった。[64]

要するに、バイデン政権の転換は、新自由主義の部分修正でもなければ、一時的な人気取りでもなく、確信的である。現実には、上院で法案審議をスムーズに進められる60議席に民主党が達していないため、当面は共和党や新自由主義勢力に妥協を迫られるだろう。それでも、政権の中枢が新自由主義から脱すると確信しているのは間違いなく、大統領令を含めて一定の政策転換が可能であり、アメリカ国内外に大きな影響力を与えることになる。[65]

新自由主義の総本山たるアメリカの政策転換の影響は、欧州諸国や日本にも必ず及ぶ。元来、新自由主義への抵抗感の強い欧州では、次第に新自由主義への駆動力が失われていくだろう。

各国の国政選挙では、既にもっとも重要な争点が気候変動への対応になっている。ドイツや北欧諸国では、もはや再生可能エネルギー100%でのカーボンゼロを目指すことは争点でなく、どれだけ早く実現するのかという、達成時期が争点となっている。

日本でも、本書で論じてきたとおり、新自由主義の与党ブロックと社会的共通資本の野党ブロックの二大選択肢が形成された。前者は、国家重視・自己責任の国家方針の政党連合であり、後者は個人重視・支え合いの国家方針の政党連合である。日本の政治史に照らせば、前者は、アメリカを軍事的な覇権国家と見なした上で、その世界戦略と日本を同一化させ、そのなかでの経済的価値の拡大を追求する「経済的大日本主義」である。後者は、アメリカを民主主義国家と見なした上で、国際社会の課題を共に解決しつつ、社会的価値の拡大を追求する「経済的小日本主義」である。憲法に照らせば、前者は、経済的価値を最大化するため、個人重視・支え合いを定める憲法を改正し、国家重視・自己責任を名実ともに追求する。後者は、経済的価値と非経済的価値を足し合わせた社会的価値を最大化するため、国家重視・自己責任の政策を改め、個人重視・支え合いという憲法の国家方針を名実ともに追求する。

こうした国家方針の決着は、一度の国政選挙でつくものでなく、複数回の国政選挙を経ることで、自ずと決まるだろう。どちらかの政党ブロックが、数十年にわたって政権を獲得できないくらいにまで衰退することで、決着がつくと考えられる。あるいは、ほぼすべての主要政党が、どちらかの国家方針を受け入れることもありうる。実際、55年体制では、自民党による政権が続いた一方、憲法を改正することなく、自民党を含むすべての主要政党が、表面的には、憲法と個人重視・支え合いの国家方針を受け入れてきた。

よって、2020年代は、権威主義による経済成長か、民主主義による生活安定か、日本にとって今後数十年の国家方針を決める「決定的十年(Decisive Decade)」となる。現在の国家方針を続け、新自由主義によって景気依存が強まるほど、生活を安定させるには永遠の経済成長と好景気を求めるしかなくなる。有権者からすれば、永遠の経済成長と好景気を実現する政党・政治家を選ぶしかない。一方、国家方針を転換し、支え合いの社会で景気と生活の関係が弱くなれば、生活を安定させるには社会的共通資本の充実を求めることになる。有権者からすれば、資源を効率的に活用して社会的共通資本を充実させる政党・政治家を選ぶようになる。

2020年代は、世界の民主主義と地球環境においても「決定的十年」となる。むしろ、既にそのことが共有されている。SDGsが2030年を目標年としているのは、何よりも2020年代が人類にとって「決定的十年」であるからだ。気候変動においても、パリ協定の目標の一つである2100年に、産業革命からの気温上昇を1・5℃未満に抑えるには、2030年までの取り組みで決まる。生物多様性も同様である。

日本は、この「決定的十年」において国際社会の主要国の一つであり、内政と外交の両面で主体的な判断が求められる。2019年の時点で、日本は名目でも実質でもGDP世界3位で、アメリカ、中国に次ぐ経済大国である。温室効果ガスの排出量では、世界5位で、中国、アメリカ、インド、ロシアに次ぐ。先進主要7か国会議（G7サミット）の参加国で、国連安全保障理事会でもっとも長く非常任理事国を務めてきた。193の国連加盟国の中では、トップレベルの国際影響力を有している。

日本の国家方針をどうするのか、国際社会にどのような影響力を及ぼすのか、決めるのは日本の有権者である。選挙での棄権・白票は、その決定を知らない誰かに「白紙委任するとの意思表示」になってしまう。それだけはせずに、自分なりに政治に意思表示することが大切である。また、その機会は、選挙だけでなく、政党・政治家への意見表明、メディアやSNSを通じた公論、家族や友人などとの対話、課題の現場を訪ねること、当事者の話を聴くこと、本を読み考えることと、色々ある。

2021年、政党が与党ブロックと野党ブロックに大きく分かれ、有権者による意思表示の舞台は整った。アメリカの有権者は、気候変動とBLMを受けてバイデン政権を成立させた。日本の有権者も「決定的十年」において未来のために有意義な意思表示ができるか、未来から厳しく問われている。

註

1 2021年4月1日現在、彼らは立憲民主党の所属議員となっている。

2 鈴木暎一「水戸学」茨城大学図書館ホームページ。2021年3月1日閲覧。以下、ホームページ閲覧については同じ。

3 井出孫六『石橋湛山と小国主義』岩波書店、2000年。「幽囚録」も同書から引用した。

4 田中彰『小国主義——日本の近代を読みなおす』岩波書店、1999年。植木枝盛、中江兆民、幸徳秋水、内村鑑三に関する記述は本書に基づく。

5 関良基『日本を開国させた男、松平忠固——近代日本の礎を築いた老中』作品社、2020年。

6 松平忠固の家臣には「日本で初めて普通選挙による議会選挙を提唱」した赤松小三郎もいた。赤松も、小日本主義者に連なると考えられる。関良基『赤松小三郎ともう一つの明治維新——テロに葬られた立憲主義の夢』作品社、2016年。

7 由井正臣『田中正造』岩波書店、1984年。

8 増田弘『石橋湛山——リベラリストの真髄』中央公論社、1995年。

9 増田弘『石橋湛山——思想は人間活動の根本・動力なり』ミネルヴァ書房、2017年。

10 鈴木直子「平塚らいてうの反戦平和」『青山学院女子短期大学総合文化研究所年報』15号、2007年。石橋湛山との関わりは増田弘の研究に基づく。

11 鴨武彦編『石橋湛山著作集3』東洋経済新報社、1996年。

12 野口悠紀雄『野口悠紀雄の経済データ分析講座』ダイヤモンド社、2019年。

13 宇沢弘文『社会的共通資本』岩波書店、2000年。宇沢は、社会的共通資本の考え方を新自由主義に対比させて「制度主義」と呼んでいるが、本書では広く知られている社会的共通資本の語を用いている。
14 立憲民主党ホームページ「支え合う社会へ―ポストコロナ社会と政治のあり方（『命と暮らしを守る政権構想』）」
15 『論座』掲載時は結党前であったが、本稿以降の論考は結党後の綱領を踏まえ加筆修正している。ただし、掲載時の綱領案と、結党大会で決定された綱領との間に大きな違いはない。綱領は立憲民主党ホームページに掲載されている。
16 民進党ホームページは2021年4月1日段階で残されており、そこからの情報に基づいている。
17 「命救ったツイッター」『朝日新聞』2019年12月12日付。
18 自民党の綱領は同党ホームページに掲載されている。
19 「困窮者の生活保護申請と貸し付け、福祉事務所が「追い返し」」『東京新聞』2020年6月16日付。
20 ドイツ社会民主党のホームページに掲載されている英語版綱領に基づく。
21 佐々木実『資本主義と闘った男――宇沢弘文と経済学の世界』講談社、2019年。カッコ内は筆者による補足。
22 デヴィッド・ハーヴェイ『新自由主義――その歴史的展開と現在』渡辺治監訳、作品社、2007年。
23 この視点に立つ議論としては、山口二郎他『日本のオルタナティブ』（岩波書店）、金子勝他『メガ・リスク時代の「日本再生」戦略』（筑摩書房）、木下ちがや『「社会を変えよう」といわれたら』（大月書店）、田中信一郎『政権交代が必要なのは、総理が嫌いだからじゃない』（現代書館）などがある。
24 「医師会「地方の乱」、他県に拡大」『朝日新聞』2009年7月23日付。
25 村川一郎『政策決定過程――日本国の形式的政府と実質的政府』信山社、2000年。
26 上西充子『国会をみよう――国会パブリックビューイングの試み』集英社クリエイティブ、2020年。
27 「「GoToトラベル」感染者拡大に影響か」『東京新聞』2021年1月25日付。
28 井手英策／今野晴貴／藤田孝典『未来の再建――暮らし・仕事・社会保障のグランドデザイン』筑摩書房、20

18年。直後の藤田の文章も本書からの引用である。

29「竹中平蔵氏に、もう一度ベーシックインカムを聞こう」『J-CASTニュース』2020年10月10日付。
30 田中前掲。
31 デヴィッド・グレーバー『ブルシット・ジョブ――クソどうでもいい仕事の理論』酒井隆史/芳賀達彦/森田和樹訳、岩波書店、2020年。
32 明石順平『人間使い捨て国家』角川書店、2019年。
33 諸富徹『グローバル・タックス――国境を超える課税権力』岩波書店、2020年。
34 リチャード・ローズ『エネルギー400年史――薪から石炭、石油、原子力、再生可能エネルギーまで』秋山勝訳、草思社、2019年。
35 CCSの記述は、資源エネルギー庁ホームページに基づく。
36 経済産業省「グリーン成長戦略」2020年12月25日。
37 化石燃料のデータは『環境白書』2018年版に基づく。
38 例えば、環境エネルギー政策研究所は土地利用などにおける社会的な合意形成の重要性を繰り返し提言している。
39 例えば、筆者の参加する「未来のためのエネルギー転換研究グループ」は、レポート「原発ゼロ・エネルギー転換戦略:日本経済再生のためのエネルギー民主主義の確立へ」を2019年6月に発表している。
40 村上敦『ドイツのコンパクトシティはなぜ成功するのか』学芸出版社、2017年。
41 農林水産省農林水産政策研究所「食料品アクセス困難人口の推計結果」2018年。
42 村上敦/滝川薫/西村健佑/梶村良太郎/池田憲昭『進化するエネルギービジネス――ポストFIT時代のドイツ』新農林社、2018年。
43 持続可能な開発ソリューション・ネットワーク(Sustainable Development Solutions Network)「世界幸福度報告書」

（World Happiness Report 2020）２０２０年。
44 「日本の子の幸福度 健康は1位、「精神」はワースト2位」『朝日新聞』２０２０年9月3日付。
45 「「生活保護、扶養照会が申請の壁」支援団体、厚労省に見直し要求」『朝日新聞』２０２１年2月9日付。
46 牧内昇平「貧しいのは本人のせい？ エリートに広がる「自己責任論」、越えるには」『withnews』２０１９年7月10日付。
47 ジェレミー・リフキン『限界費用ゼロ社会――〈モノのインターネット〉と共有型経済の台頭』柴田裕之訳、ＮＨＫ出版、２０１５年。
48 安宅和人『シン・ニホン――ＡＩ×データ時代における日本の再生と人材育成』News Picksパブリッシング、２０２０年。
49 田中前掲。
50 ジョセフ・スティグリッツ／アンドリュー・チャールトン『フェアトレード――格差を生まない経済システム』浦田秀次郎監訳、日本経済新聞出版社、２００７年。
51 由井正臣『大日本帝国の時代』岩波書店、２０００年。
52 REN21 (2005) "Renewables 2005 Global Status Report".
53 井田徹治『生物多様性とは何か』岩波書店、２０１０年。
54 師岡康子『ヘイト・スピーチとは何か』岩波書店、２０１３年。
55 川北稔『世界システム論講義――ヨーロッパと近代世界』筑摩書房、２０１６年。
56 ヴォルフガング・シュトレーク『時間かせぎの資本主義――いつまで危機を先送りできるか』鈴木直訳、みすず書房、２０１６年。
57 ユルゲン・コッカ『資本主義の歴史――起源・拡大・現在』山井敏章訳、人文書院、２０１８年。

58 ヴォルフガング・シュトレーク『資本主義はどう終わるのか』村澤真保呂／信友建志訳、河出書房新社、2017年。
59 ヤシャ・モンク『民主主義を救え！』吉田徹訳、岩波書店、2019年。
60 「We Are Still In」キャンペーンのホームページによると、アメリカの10州、294都市・地域、2301企業が参加した。
61 本稿のSDGsの日本語訳は、外務省訳に基づいている。なお、SDGsをめぐる課題と日本の状況については、筆者のインタビューが掲載されている次の本を参照されたい。高橋真樹『日本のSDGs』大月書店、2021年。
62 宇沢弘文「帰国して直面した「豊かな社会」の貧しさ」宇沢弘文『宇沢弘文傑作論文全ファイル』東洋経済新報社、2016年。
63 アビジット・V・バナジー／エステル・デュフロ『絶望を希望に変える経済学――社会の重大問題をどう解決するか』村井章子訳、日本経済新聞出版、2020年。
64 ジョセフ・E・スティグリッツ『プログレッシブ・キャピタリズム』山田美明訳、東洋経済新報社、2019年。
65 Roger H. Davidson et al. (2016) "Congress and its Members, 15 Edition" SAGE Publications. London.

あとがき

本書は、筆者にとって初めての本格的な政治評論書です。これまでの著書は、いずれも公共政策の視点で書いてきました。前著『政権交代が必要なのは、総理が嫌いだからじゃない』もタイトルは政治評論のようですが、内容はあくまで公共政策を論じています。

これまでに学んだ知識と新たに読み漁った本のお陰で、専門の公共政策からはみ出る領域も論じることができました。とりわけ、学部生の時に森川純先生から学んだ国際関係論、修士課程の時に増田弘先生から学んだ日本政治史と外交論、博士課程の時に西川伸一先生から学んだ現代日本政治論は、はみ出た領域での思考に際して、大いに助けとなりました。また、秘書として仕えた田中秀征衆議院議員（当時）からは日本の進路についての視点をいただき、中村敦夫参議院議員（当時）からは国内外の矛盾の現場についての視点をいただきました。本書をまとめつつ、中村議員の政策秘書の時、宇沢弘文先生と何度かお会いし、先生の取り組んでいた公共事業問題を手伝ったご縁も思い出しました。

ですので、本書の基盤となっているのは、これまでに読んだすべての本とお会いした方との議論なのですが、直接的には次の方たちとの議論に影響を受けています。明石順平さん（弁護士）、石川優実さん（フェミニスト）、上西充子さん（法政大学教授）、枝野幸男さん（衆議院議員）、金子勝さん（立教大学特任教授）、木下ちがやさん（明治学院大学国際平和研究所研究員）、猿田佐世さん（弁護士）、関良基さん（拓殖大学教授）、三木由希子さん（情報公開クリアリングハウス理事長）、村上敦さん（環境ジャーナリスト）、諸富徹さん（京都大学教授）、山口二郎さん（法政大学教授）。他にも、多岐にわたるためお名前を記せませんが、多くの方との議論が筆者に有益でした。心から感謝申し上げます。もちろん、内容の誤りについては、筆者一人の責任です。

また、勤務先である千葉商科大学の原科幸彦学長をはじめとする同僚の教職員と学生には、筆者を温かく見守っていただき、感謝申し上げます。大学でのミッションである「自然エネルギー大学リーグ」の設立準備と並行しながら執筆することができました。

朝日新聞『論座』編集部の樋口大二記者には、論稿の掲載に際して、いつも的確なコメントをいただきました。ミスの修正だけでなく、最初の読者として広い視点でのフィードバックをいただき、内容を深めることができました。

現代書館の須藤岳さんには、前著の発刊直後から政治を論じた次の本と促されていましたが、ずいぶんと待たせてしまいました。次は、人口減少時代の自治体マネジメントに関する実務本を書こうと考えていましたが、須藤さんの熱意のお陰で、本書の発刊に至りました。

そして、本書をお読みいただいた方、すべてに感謝申し上げます。読後のご感想やご質問がございましたら、お気軽に Twitter @TanakaShinsyu へお寄せください。ワイワイガヤガヤとした公論こそが社会を変える第一歩です。

田中信一郎 たなか・しんいちろう

千葉商科大学基盤教育機構准教授、博士（政治学）。
明治大学大学院政治経済学研究科博士後期課程修了。
国会議員政策秘書、明治大学助手、横浜市、内閣府、内閣官房、
長野県、自然エネルギー財団などを経て、2019年4月から現職。
著書に『政権交代が必要なのは、総理が嫌いだからじゃない』（現代書館）、
『国会質問制度の研究』（日本出版ネットワーク）、
『信州はエネルギーシフトする』（築地書館）などがある。

国家方針《こっかほうしん》を転換《てんかん》する決定的十年《けっていてきじゅうねん》

新自由主義《しんじゆうしゅぎ》から社会的共通資本《しゃかいてききょうつうしほん》へ

2021年5月31日　第1版第1刷発行

著者	田中信一郎
発行者	菊地泰博
発行所	株式会社現代書館 〒102-0072 東京都千代田区飯田橋3-2-5 電話 03-3221-1321　FAX 03-3262-5906　振替 00120-3-83725 http://www.gendaishokan.co.jp/
印刷所	平河工業社（本文）　東光印刷所（カバー・表紙・帯・別丁扉）
製本所	鶴亀製本
ブックデザイン	伊藤滋章

校正協力：高梨恵一

ISBN978-4-7684-5900-3
定価はカバーに表示してあります。乱丁・落丁本はおとりかえいたします。

政権交代が必要なのは、総理が嫌いだからじゃない

私たちが人口減少、経済成熟、気候変動に対応するために

田中信一郎 著　1700円＋税

人口減少時代を迎え、従来の経済認識やアプローチの転換が不可欠であることを丁寧に説き、現代日本の諸論点について現実の分析に基づいた実践的な対応策を盛り込む。新自由主義との訣別によって拓かれる新たな経済政策と社会のビジョンを鮮やかに提示している。

日本の堤防は、なぜ決壊してしまうのか？

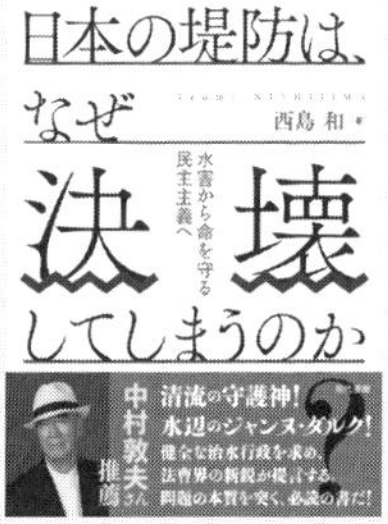

水害から命を守る民主主義へ

西島 和 著　1600円＋税

近年、記録的な大雨による甚大な水害が相次いでいるが、日本全国の堤防は土を盛っただけの“土まんじゅう”で極めて脆弱。従来のダム優先の政策から、気候危機とSDGsに対応し人命を最優先させる水害対策への転換が必要であることを指摘し、具体的な方策を提示。

コーヒーを味わうように民主主義をつくりこむ

日常と政治が隣り合う場所

秋山訓子 著　1700円＋税

第一線の政治記者として活躍する朝日新聞編集委員が、しばし永田町を離れ、「草の根民主主義」が脈打つ現場を訪ね歩く。「民主主義はやっかいだけど、時間をかけてこだわって、ていねいに、がまんしつつも面白く。おいしいコーヒーを味わうために、豆の栽培や輸入法、焙煎や淹れ方にも気を配るように。」

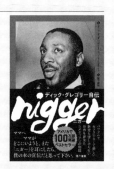

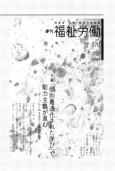